Joachim Schweizer

Friedens- und Sicherheitspolitik

Kompetenzorientiert, lebensweltbezogen und aktuell unterrichten

Klasse 11–13

Gedruckt auf umweltbewusst gefertigtem, chlorfrei gebleichtem und alterungsbeständigem Papier.

1. Auflage 2018
© 2018 Auer Verlag, Augsburg
AAP Lehrerfachverlage GmbH
Alle Rechte vorbehalten.

Illustrationen: Julia Flasche, Steffen Jähde
Satz: Typographie & Computer, Krefeld
Druck und Bindung: Korrekt Nyomdaipari Kft, Budapest
ISBN 978-3-403-08098-5
www.auer-verlag.de

Inhaltsverzeichnis

Liebe Kolleginnen und Kollegen,

Bürgerkrieg in Syrien, internationaler Terrorismus, Verbreitung von Massenvernichtungswaffen, Zerfall staatlicher Ordnungen – das sind nur wenige Stichpunkte, die stellvertretend für eine Vielzahl und die Allgegenwärtigkeit von weltweiten Bedrohungen für Frieden und Sicherheit im 21. Jahrhundert stehen können.

Die folgende Materialiensammlung möchte Schülern der Sekundarstufe II Anreize bieten, sich auf der Basis aktueller Entwicklungen und Konfliktfelder differenziert und reflektiert mit dem Thema „Friedens- und Sicherheitspolitik" auseinanderzusetzen. Zu diesem Zweck sollen auch Kenntnisse zu einschlägigen Bündnissen vermittelt werden, die den Versuch unternehmen, Frieden und Sicherheit in der Welt zu stiften. Schließlich loten die Lernenden aus, welche Spielräume und Optionen sich dadurch für das außenpolitische Handeln der Bundesrepublik Deutschland ergeben.

Die einzelnen Abschnitte dieser Materialiensammlung werden durch didaktisch-methodische Hinweise (i) eingeleitet, denen die zugehörigen Arbeitsblätter folgen. Dabei werden die Materialien nochmals untergliedert in sinnvolle Unterrichtseinheiten, die je nach Leistungsfähigkeit und Arbeitstempo Ihrer Schüler 45 bis 90 Minuten Unterrichtszeit in Anspruch nehmen. Als Fachmann und Kenner Ihrer Klasse können Sie am besten selbst beurteilen, wie viel Zeit tatsächlich benötigt wird, sodass hierzu keine konkreten Vorgaben gemacht wurden.
Den didaktisch-methodischen Hinweisen können Sie ebenfalls entnehmen, welche Kompetenzen durch die Arbeit mit den Materialien angebahnt werden (K).
Manche Arbeitsblätter sind zweiseitig konzipiert. Achten Sie bitte auf doppelseitige Kopien, um der Papierflut ein wenig Einhalt zu gebieten.
Aufgrund der besseren Lesbarkeit werden Schülerinnen und Schüler sowie Lehrerinnen und Lehrer nur in der männlichen Form angesprochen.

Die vorliegenden Materialien gliedern sich wie folgt:
- Von Krieg und Frieden
- Problembereiche und Felder der Friedens- und Sicherheitspolitik
- Die EU – ein außenpolitischer Akteur mit Zukunft?
- Die OSZE – wer oder was ist das?
- Die UNO – eine „Weltfriedensagentur"?
- Die NATO – ein altes Bündnis in neuem Gewand?
- Deutsche Außenpolitik zwischen Zurückhaltung und Engagement

Ich wünsche Ihnen viel Freude mit diesem Buch und gutes Gelingen bei der unterrichtlichen Umsetzung.

Ihr Joachim Schweizer

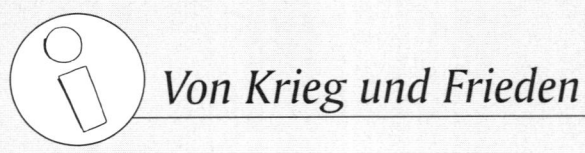

Didaktisch-methodische Hinweise

Eine Betrachtung der Begriffe „Frieden" und „Krieg" unter verschiedenen Aspekten leitet das Einführungskapitel ein. Die Schüler werden einerseits mit zentraler Fachterminologie vertraut gemacht, anderseits können sie auch ihr Vorwissen einbringen, sodass der Lehrer Anhaltspunkte dafür bekommt, welche Themen in der folgenden Sequenz besonders oder weniger intensiv beleuchtet werden müssen.

Unterrichtseinheit 1:

 Sachkompetenz, Wahrnehmungskompetenz, Kommunikationskompetenz

Um sich dem Großthema der Friedens- und Sicherheitspolitik anzunähern, erscheint es sinnvoll, mit dem Begriff „Frieden" als solchem einzusteigen. Das erste Arbeitsblatt **„Begriff ‚Frieden'"** (S. 8) holt die Schüler in ihrer Alltags- und Lebenswelt ab, indem sie sich in Form eines Schreibgesprächs stichpunktartig über ihre persönlichen Assoziationen, Gedanken etc. rund um den Begriff „Frieden" austauschen. Auf der Basis dieser Vorarbeiten entwickeln die Jugendlichen eine knappe Begriffsdefinition.

Unterrichtseinheit 2:

 Sachkompetenz, Deutungskompetenz, Wahrnehmungskompetenz, Urteilskompetenz, Kommunikationskompetenz

Die zweite Einheit der Hinführung setzt sich mit ausgewählten Friedenstheoretikern auseinander, wodurch eine Differenzierung, Reflexion und Überprüfung der im Vorigen entwickelten persönlichen Schülerdefinition erfolgen soll.

Das doppelseitige Arbeitsblatt **„Thomas Hobbes – ‚Ein Krieg aller gegen alle!'"** (S. 9 f.) bietet den Schüler einen Einblick in die Grundzüge der Philosophie des englischen Staatstheoretikers. Sowohl durch die Beschäftigung mit dem Titelbild des „Leviathan" als auch in Folge der Bearbeitung von Textauszügen erkennen sie Hobbes' pessimistisches Weltbild, seinen negativen Friedensbegriff und diskutieren abschließend, welche Konsequenzen sich daraus für das außenpolitische Handeln von Staaten ergeben.

Das Arbeitsblatt **„Immanuel Kant – Hoffnung auf den Weltfrieden"** (S. 11) kontrastiert Hobbes' Sichtweise, indem sich die Schüler mit Kants Denkschrift „Zum ewigen Frieden" befassen. Im Anschluss an eine Begegnung mit einschlägigen Artikeln des Originaltextes erkennen die Schüler, dass Kant einen positiven Friedensbegriff entwickelte, welcher gar in die Idee eines föderativen Weltstaatenbundes gipfelte, was in einen kurzen Ausblick zum Themenkomplex „Die Vereinten Nationen" münden kann.

In der Folge werden die wichtigsten Erkenntnisse der vorigen Arbeitsblätter gebündelt und mit der Terminologie des norwegischen Soziologen und Politologen Johan Galtung, der als Gründungsvater der Friedens- und Konfliktforschung gilt, in Zusammenhang gebracht. Dies geschieht auf induktive Art und Weise: Die Schüler werden dazu angeregt, mittels aktueller (Zeitungs-)Berichterstattung Beispiele für Herausforderungen und Gefahren für den Frieden zu recherchieren, die dann in das Strukturschema auf dem Arbeitsblatt **„Johan Galtung – Gewalt und Frieden"** (S. 12) integriert werden können.

Joachim Schweizer: Friedens- und Sicherheitspolitik

Unterrichtseinheit 3:

(K) Sachkompetenz, Deutungskompetenz, Wahrnehmungskompetenz, Urteilskompetenz, Kommunikationskompetenz

Der dritte Abschnitt führt das zuvor Erarbeitete dahingehend fort, dass die recherchierten Herausforderungen und Gefahren für Frieden und Sicherheit kategorisiert werden.

Eine Einteilung in die tabellarische Übersicht soll aber nicht rein deduktiv erfolgen. Vielmehr erstellen die Schüler mithilfe des doppelseitigen Arbeitsblattes **„Die Friedensnobelpreisträger – Herausforderungen und Gefahren für Frieden und Sicherheit im Überblick"** (S. 13 f.) in arbeitsteiliger Gruppenarbeit Steckbriefe zu ausgewählten Friedensnobelpreisträgern und erschließen sich im Anschluss an die Präsentationen unterschiedliche Gefahrenpotenziale für Frieden und Sicherheit. Im folgenden Unterrichtsgespräch kann die Übersicht durch weitere Aspekte ergänzt werden.

Das Arbeitsblatt **„Der Weltfriedensindex"** (S. 15) möchte durch die Analyse und Interpretation des vorliegenden Schaubildes den schon recht weit aufgefächerten Friedensbegriff einerseits um die lokale Dimension ergänzen und andererseits den von der Denkfabrik Institute for Economics and Peace erstellten Global Peace Index einer kritischen Reflexion unterziehen, indem der zugrunde liegende Friedensbegriff diskutiert wird.

Begriff „Frieden"

1   Überlegt, was ihr mit dem Begriff „Frieden" verbindet. Ergänzt die folgenden Buchstaben zu Wörtern oder Sätzen.

F

R

I

E

D

E

N

2   Tauscht euch darüber aus, was ihr persönlich mit dem Begriff „Frieden" verbindet. Notiert hierfür stichpunktartig, welche Vorstellungen, Gedanken, Wünsche, Ideen, grundlegenden Werte etc. euch spontan durch den Kopf gehen. Reicht das Blatt dann an euren Banknachbarn weiter, der entweder neue Aspekte hinzufügen oder zu einem bereits notierten Punkt Stellung nehmen kann. Anschließend wird das Blatt wieder zurückgereicht, sodass nun der erste Schüler die Kommentare seines Banknachbarn kommentieren kann etc.

3   Verfasst eine knappe, persönliche Definition des Begriffs „Frieden"

_____

_____

_____

_____

Joachim Schweizer: Friedens- und Sicherheitspolitik

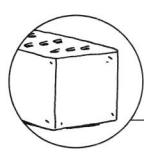

 Beschreibt die einzelnen Bildelemente des Titelbildes von Thomas Hobbes' Werk „Leviathan oder Stoff, Form und Gewalt eines kirchlichen und staatlichen Gemeinwesens" und analysiert anschließend dessen Aufbau und Wirkung.

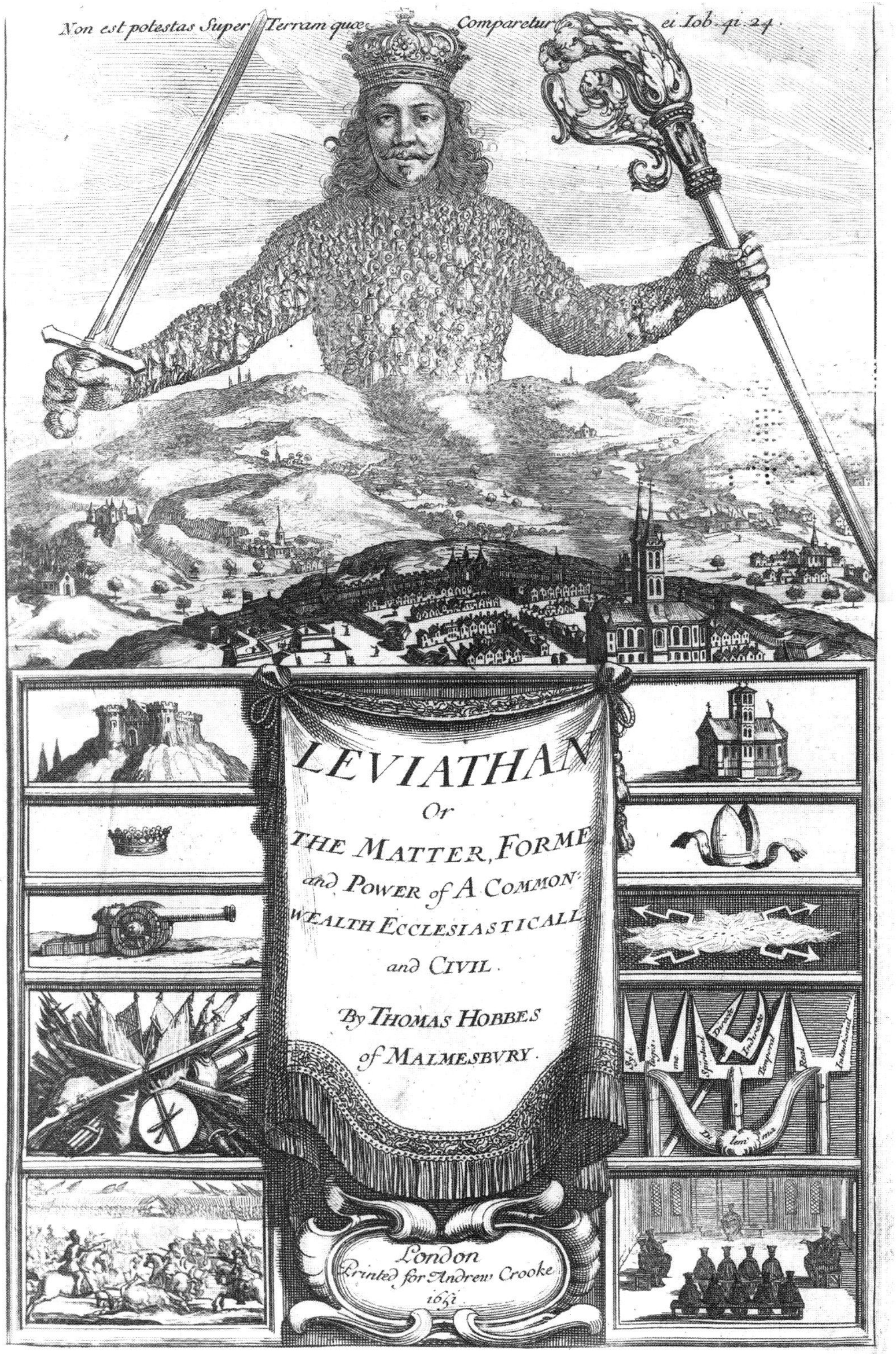

Thomas Hobbes – „Ein Krieg aller gegen alle!" (2)

Die Natur hat die Menschen sowohl hinsichtlich der Körperkräfte wie der Geistesfähigkeiten untereinander gleichmäßig begabt; und wenngleich einige mehr Kraft oder Verstand als andere besitzen, so ist der hieraus entstehende Unterschied im Ganzen betrachtet dennoch nicht so groß, dass der eine sich diesen oder jenen Vorteil versprechen könnte, welchen der
5 andere nicht auch zu erhoffen berechtigt sei. ... Sooft daher zwei ein und dasselbe wünschen, dessen sie aber beide nicht zugleich teilhaftig werden können, so wird einer des anderen Feind, und um das gesetzte Ziel, welches mit der Selbsterhaltung immer verbunden ist, zu erreichen, werden beide danach trachten, sich den anderen entweder unterwürfig zu machen oder ihn zu töten. ... Hieraus ergibt sich, dass ohne eine einschränkende Macht der Zustand
10 der Menschen ein solcher sei, wie er zuvor beschrieben wurde, nämlich ein Krieg aller gegen alle. ... Die Absicht und Ursache, warum die Menschen bei all ihrem natürlichen Hang zur Freiheit und Herrschaft sich dennoch entschließen konnten, sich gewissen Anordnungen, welche die bürgerliche Gesellschaft trifft, zu unterwerfen, lag in dem Verlangen sich selbst zu erhalten und ein bequemeres Leben zu führen; oder mit anderen Worten, aus dem elenden
15 Zustand eines Krieges aller gegen alle gerettet zu werden. ... Um aber eine allgemeine Macht zu gründen, unter deren Schutz gegen auswärtige und innere Feinde die Menschen bei dem ruhigen Genuss der Früchte ihres Fleißes und der Erde ihren Unterhalt finden können, ist der einzig mögliche Weg folgender: Jeder muss alle seine Macht oder Kraft einem oder mehreren Menschen übertragen, wodurch der Willen aller gleichsam auf einen Punkt vereinigt wird, so
20 dass dieser eine Mensch oder diese eine Gesellschaft eines jeden Einzelnen Stellvertreter werde und ein jeder die Handlungen jener so betrachte, als habe er sie selbst getan, weil sie sich dem Willen und Urteil jener freiwillig unterworfen haben. Dies fasst aber noch etwas mehr in sich als Übereinstimmung und Eintracht; denn es ist eine wahre Vereinigung in einer Person und beruht auf dem Vertrage eines jeden mit einem jeden, wie wenn ein jeder zu ei-
25 nem jeden sagte: „Ich übergebe mein Recht, mich selbst zu beherrschen, diesem Menschen oder dieser Gesellschaft unter der Bedingung, dass du ebenfalls dein Recht über dich ihm oder ihr abtrittst." Auf diese Weise werden alle Einzelnen eine Person und heißen Staat oder Gemeinwesen.

2 Erarbeitet aus dem vorliegenden Textauszug die Kernelemente der politischen Philosophie von Thomas Hobbes.

3 Tragt eure Ergebnisse zusammen und erläutert, welche Konsequenzen sich laut der Thesen von Thomas Hobbes für das außenpolitische Handeln von Staaten ergeben.

Joachim Schweizer: Friedens- und Sicherheitspolitik

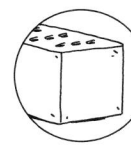

Immanuel Kant – Hoffnung auf den Weltfrieden

Mit seiner Denkschrift „Zum ewigen Frieden" (1795) entwickelte Immanuel Kant eine Vision für einen dauerhaften und globalen Weltfrieden. In vielerlei Hinsicht zeigte er sich dabei seiner Zeit weit voraus. Die zentralen Artikel des Werkes lauten in Auszügen:

Präliminarartikel 1: „Es soll kein Friedensschluss für einen solchen gelten, der mit dem geheimen Vorbehalt des Stoffs zu einem künftigen Kriege gemacht worden."

Präliminarartikel 2: „Es soll kein für sich bestehender Staat (klein oder groß, das gilt hier gleichviel) von einem anderen Staat durch Erbung, Tausch, Kauf oder Schenkung erworben werden können."

Präliminarartikel 3: „Stehende Heere [...] sollen mit der Zeit ganz aufhören. Denn sie bedrohen andere Staaten unaufhörlich mit Krieg, durch die Bereitschaft, immer dazu gerüstet zu erscheinen [...]."

Präliminarartikel 4: „Es sollen keine Staatsschulden in Beziehung auf äußere Staatshändel gemacht werden."

Präliminarartikel 5: „Kein Staat soll sich in die Verfassung und Regierung eines anderen Staates gewalttätig einmischen."

Präliminarartikel 6: „Es soll sich kein Staat im Kriege mit einem anderen solche Feindseligkeiten erlauben, welche das wechselseitige Zutrauen im künftigen Frieden unmöglich machen müssen: als da sind, Anstellung der Meuchelmörder [...], Giftmischer [...], Brechung der Kapitulation, Anstiftung des Verrats [...] in dem bekriegten Staat etc."

Definitivartikel 1: „Die bürgerliche Verfassung in jedem Staat soll republikanisch sein."

Definitivartikel 2: „Das Völkerrecht soll auf einen Föderalismus freier Staaten gegründet sein."

Definitivartikel 3: „Das Weltbürgerrecht soll auf Bedingungen der allgemeinen Hospitalität eingeschränkt sein."

1 Erschließt euch den Inhalt der vorliegenden Artikel und schreibt sie ins heute gebräuchliche schriftsprachliche Deutsch um.

2 Vergleicht die Gedanken Immanuel Kants mit der Sichtweise von Thomas Hobbes und macht die grundlegenden Unterschiede in Bezug auf den vertretenen Friedensbegriff deutlich.

 *Johan Galtung – Gewalt und Frieden*

 Recherchiert (z. B. in der Tageszeitung) aktuelle Beispiele für Herausforderungen und Gefahren für den Frieden bzw. sonstige Konflikte und ordnet sie passend in das Modell des norwegischen Friedensforschers Johan Galtung ein.

Gewalt und Frieden nach Johan Galtung

GEWALT

personale (direkte)

strukturelle (indirekte)

Akteur vorhanden

kein Akteur vorhanden

aktuelle Beispiele:

aktuelle Beispiele:

_____

_____

_____

_____

_____

_____

_____

_____

_____

_____

_____

_____

_____

_____

_____

_____

_____

_____

Abwesenheit von personaler Gewalt
(negativer Frieden)

Abwesenheit von struktureller Gewalt
(positiver Frieden)

FRIEDEN

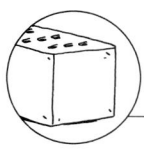

Martin Luther King (1964)

Willy Brandt (1971)

Mutter Teresa (1979)

Mohammad Yunus (2006)

Al Gore (2007)

Die Europäische Union (2012)

Malala Yousafzai (2014)

Juan Manuel Santos (2016)

1 Erstellt in Kleingruppen einen Steckbrief zu dem euch zugeteilten Nobelpreisträger und macht darin insbesondere deutlich, für welche Leistungen ihm oder ihr der Preis verliehen wurde.

2 Stellt euch die Preisträger gegenseitig vor.

Joachim Schweizer: Friedens- und Sicherheitspolitik
© Auer Verlag

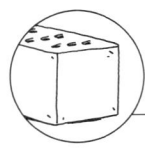

3 Sammelt vor dem Hintergrund der jeweiligen Aktivitäten der Friedensnobelpreisträger verschiedene Aspekte, die Herausforderungen und Gefahren für Frieden und Sicherheit darstellen, und tragt sie in die folgende Tabelle ein.

Herausforderungen und Gefahren für Frieden und Sicherheit	
politisch	
ökonomisch	
ökologisch	
sozial	
sonstige	

Joachim Schweizer: Friedens- und Sicherheitspolitik
© Auer Verlag

Der Global Peace Index (Weltfriedensindex) versucht, die Friedfertigkeit von Ländern und Regionen zu messen. Er wird von der internationalen Denkfabrik Institute for Economics and Peace erstellt und veröffentlicht. 2016 erschien der Index bereits zum zehnten Mal. Das Schaubild zeigt eine Übersicht der zentralen Ergebnissen.

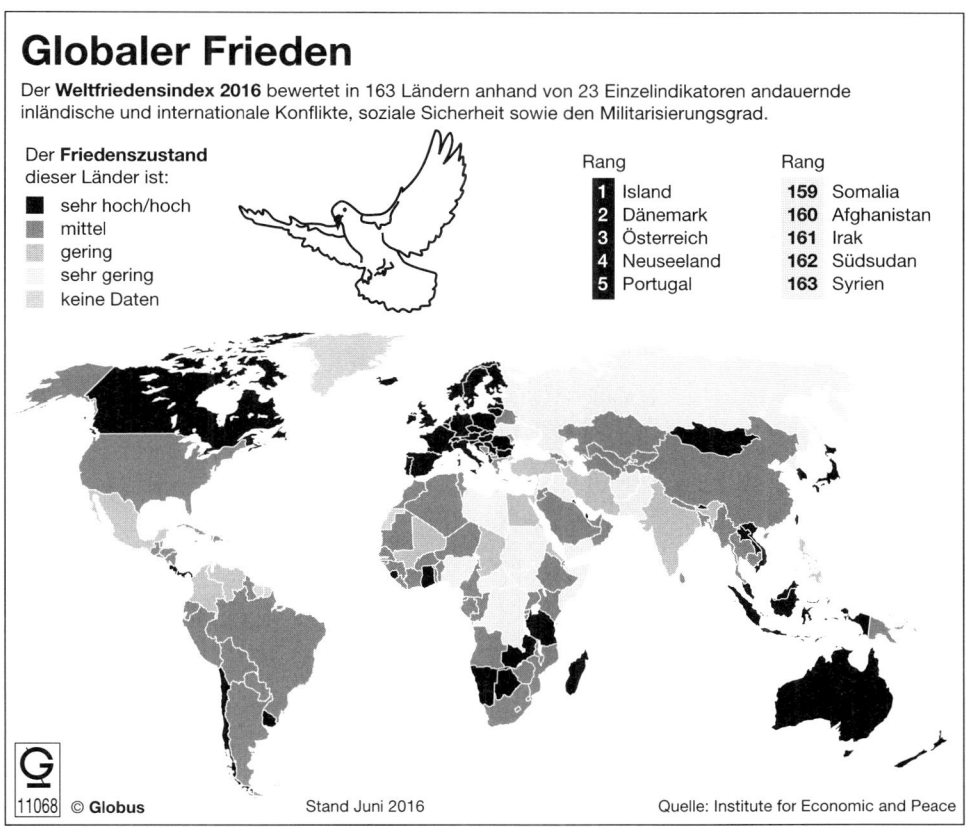

Globaler Frieden

Der **Weltfriedensindex 2016** bewertet in 163 Ländern anhand von 23 Einzelindikatoren andauernde inländische und internationale Konflikte, soziale Sicherheit sowie den Militarisierungsgrad.

Der **Friedenszustand** dieser Länder ist:
- sehr hoch/hoch
- mittel
- gering
- sehr gering
- keine Daten

Rang		Rang	
1	Island	159	Somalia
2	Dänemark	160	Afghanistan
3	Österreich	161	Irak
4	Neuseeland	162	Südsudan
5	Portugal	163	Syrien

11068 © Globus　　Stand Juni 2016　　Quelle: Institute for Economic and Peace

1 Analysiert und interpretiert das Schaubild.

2 Ermittelt, nach welchen Kriterien die Bewertung des Institute for Economics and Peace erfolgt, und diskutiert, welcher Friedensbegriff der Herangehensweise der Denkfabrik zugrunde liegt.

3 Das Schaubild stammt aus dem Jahr 2016. Recherchiert, wie sich der aktuelle Weltfriedensindex darstellt, und bezieht dabei auch die Position der Bundesrepublik Deutschland mit ein.

4 Ermittelt, wie sich die Situation in denjenigen Ländern, die 2016 die letzten fünf Plätze im Index belegt haben, zwischenzeitlich entwickelt hat und wie sie sich heute darstellt.

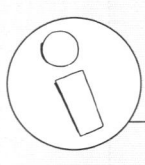
Didaktisch-methodische Hinweise

Das folgende Kapitel nimmt einzelne Problembereiche und Felder der Friedens- und Sicherheitspolitik in den Blick. Zudem werden drei konkrete Konfliktpunkte aufgezeigt, die zur exemplarischen Veranschaulichung dienlich sind.

Unterrichtseinheit 4:

 Sachkompetenz, Deutungskompetenz, Wahrnehmungskompetenz, Urteilskompetenz, Kommunikationskompetenz

Grundsätzlich sollen die folgenden Arbeitsblätter den Schülern verdeutlichen, welche vielfältigen Gefahrenmomente für Frieden und Sicherheit existieren. Durch die Auseinandersetzung mit dem doppelseitigen Arbeitsblatt zum Thema **„Terrorismus" (S. 18f.)** setzen sich die Schüler zunächst mittels einer ikonologischen Vorgehensweise mit dem 11. September 2001 auseinander. Da die Jugendlichen selbst über keine Erinnerungen zu diesen Geschehnissen verfügen können, befragen sie zudem Personen aus ihrem direkten Umfeld zu den einschneidenden Ereignissen dieses Tages, dessen Folgen und der Berichterstattung in den Medien. In der darauffolgenden Unterrichtsstunde wenden sich die Schüler dem sogenannten Islamischen Staat zu. Durch die Auseinandersetzung mit dem Text erkennen sie zentrale Gründe für den Erfolg des IS, worauf sie vor dem Hintergrund aktueller Ereignisse Ansatzpunkte entwickeln, welche Möglichkeiten für die internationale Gemeinschaft existieren, den sogenannten Islamischen Staat einzudämmen.

Das Arbeitsblatt **„Armut" (S. 20)** verdeutlicht den Jugendlichen die verschiedenen Dimensionen des Begriffs und sensibilisiert sie für Zusammenhänge zwischen den Themenbereichen Armut, Migration und Sicherheit. Um die Problematik konkret in der Lebenswelt der Schüler zu verankern, entwickeln sie realistische Vorschläge, was jeder Einzelne zur Bekämpfung des Armutsproblems in der Welt beitragen kann.

An das vorangegangene Thema anknüpfend befassen sich die Schüler durch das Arbeitsblatt **„Migration" (S. 21)** im Anschluss an die Analyse und Interpretation eines Schaubildes mit zentralen Gründen und Ursachen für Wanderungsbewegungen. Ein regionaler Alltagsbezug kann dadurch hergestellt werden, dass die Schüler Zuwanderer aus ihrer Umgebung nach den Gründen für ihre Migration befragen. Es ist denkbar, dass hieraus ein kleines Projekt entwächst, wodurch insbesondere die Sozialkompetenz der Jugendlichen gefördert wird.

Das Arbeitsblatt **„ABC-Waffen" (S. 22)** lenkt den Blick auf die Bedrohung des Friedens und der Sicherheit in der Welt durch atomare, biologische und chemische Waffen. Auf der Basis des Textes setzen sich die Schüler schließlich mit der Entwicklung von Atommächten und deren Besitz von Atomwaffen auseinander.

Unterrichtseinheit 5:

 Sachkompetenz, Deutungskompetenz, Wahrnehmungskompetenz, Urteilskompetenz, Kommunikationskompetenz

Das Arbeitsblatt **„Somalia – ein gescheiterter Staat" (S. 23)** veranschaulicht den Schülern exemplarisch die Ursachen und möglichen Folgen von Staatszerfall. In Stillarbeit erwerben sie Kenntnisse zu einschneidenden Ereignissen in der Vergangenheit des ostafrikanischen Landes, die sie schließlich strukturieren und in Form eines Clusters sichern sollen.

Nach dem Unterrichtsgespräch über die Ursachen von Staatszerfall informiert der Lehrer über den sogenannten „Failed States Index" und weitere Länder, die von Staatszerfall bedroht sind.

Problembereiche und Felder der Friedens- und Sicherheitspolitik

Sollte genügend Zeit zur Verfügung stehen, kann hieraus ein kleines Projekt erwachsen, in welchem sich die Schüler über aktuelle Konflikte und Krisen informieren und ein Land aus dem Index im Hinblick auf dessen politische, wirtschaftliche und soziale Lage genauer untersuchen. Darauf aufbauend können auch Lernplakate gestaltet werden, die z. B. auf der Internetseite der Schule einem größeren Publikum zugänglich gemacht werden können.

Mittels eines Fotos befassen sich die Schüler anhand des Arbeitsblattes **„Bürgerkrieg in Syrien"** **(S. 24)** mit einem der drängendsten Konflikte weltweit. Durch die Auseinandersetzung mit dem Foto, das gewiss keinen Schüler „kaltlässt", reflektieren die Schüler zugleich über die Macht der medialen Berichterstattung – und das nicht nur im syrischen Bürgerkrieg. Abschließend erstellen sie ein Schaubild zu Ursachen, Anlass, Verlauf und (bisherigen) Folgen des Bürgerkriegs und gehen hierbei insbesondere auf die Rolle des Westens und Russlands ein.

Dass der Totalitarismus kein Phänomen der Vergangenheit, sondern vielmehr auch der Gegenwart ist, erfassen die Schüler anhand der Beschäftigung mit dem doppelseitigen Arbeitsblatt **„Nordkorea – ein totalitärer Staat" (S. 25 f.)**. Hierzu ermitteln sie zunächst in arbeitsteiliger Partnerarbeit zentrale Informationen über Nordkorea und erstellen einen Steckbrief. Im Anschluss an die Recherche verschiedener Elemente der nordkoreanischen Diktatur leiten sie hieraus die Kennzeichen des Totalitarismus ab und führen eine Debatte, inwiefern totalitäre Bewegungen wie in Nordkorea eine Bedrohung von Frieden und Sicherheit in der Welt darstellen.

Anschlag auf das World Trade Center in New York City am 11. September 2001

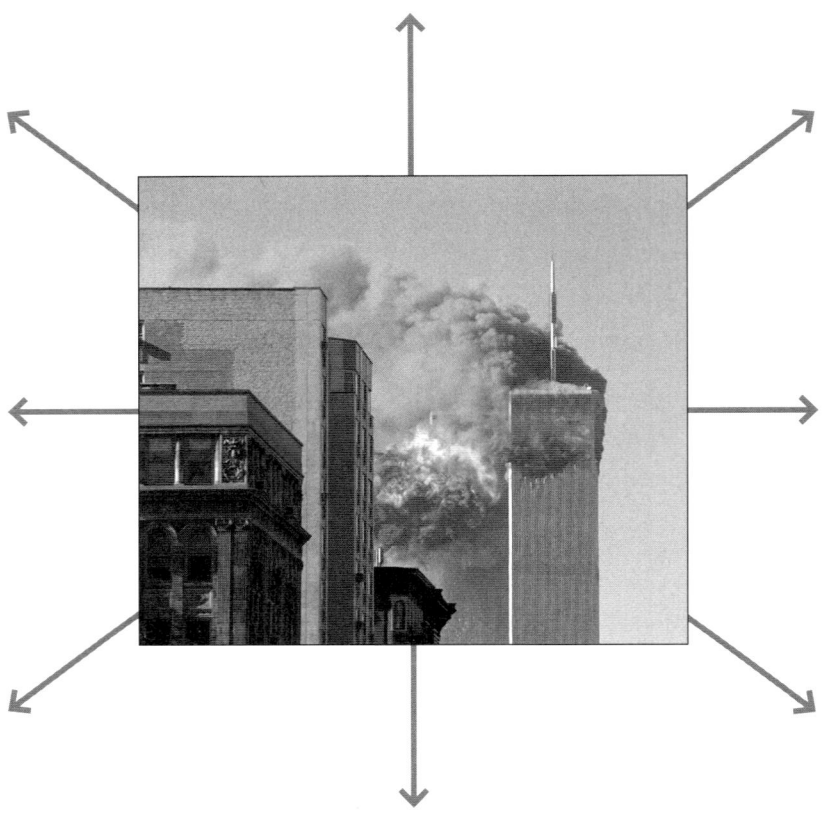

 Arbeitet in Vierergruppen zusammen. Zunächst notieren zwei Gruppenmitglieder, was ihnen beim Betrachten des Fotos durch den Kopf geht. Reicht dann das Blatt an die beiden anderen Gruppenmitglieder weiter, die entweder einen neuen Aspekt hinzufügen oder zu einem notierten Punkt Stellung nehmen können. Dann wird das Blatt wieder zurückgereicht etc., sodass ihr ein schriftliches Gespräch über das Foto geführt habt.

 Befragt Personen aus eurem direkten Umfeld, welche Erinnerung sie an die Ereignisse des 11. Septembers 2001 und die Berichterstattung darüber in den Medien haben.

Joachim Schweizer: Friedens- und Sicherheitspolitik

Gründe für den Erfolg des IS

[…] Der erste Grund ist seine personelle Stärke. Der IS hatte als Terrormiliz begonnen, aber spätestens seit dem Sommer 2014 hat er die Größe einer Armee erreicht. […] Viele der Bewaffneten verfügen über Kampferfahrung bei al-Qaida oder in den Armeen Syriens oder des Iraks, von denen sie desertiert sind. Gewachsen ist der IS vor allem durch die Absorption anderer Jihadistischer Gruppen oder die Rekrutie-
5 rung von Stammesmitgliedern. Denn keine andere Terrorgruppe zahlt einen höheren Sold. Zusätzlich zu dem monatlichen Basissold von 500 bis 600 Dollar zahlt er Zulagen, die von der Anzahl an Frauen und Kindern eines Kämpfers abhängig sind. Der IS ist somit in Ländern, in denen Armut herrscht und es kaum Arbeit gibt, ein attraktiver Arbeitgeber. […] In eine Schlacht ziehen sie mit der Gewissheit, im Falle ihres Todes „Märtyrer" (shahid) zu werden. […]
10 Ein zweiter Grund ist die effiziente militärische Organisation. Abu Bakr al-Baghdadi hatte bereits im Gefängnis während der amerikanischen Besatzungszeit inhaftierte frühere irakische Offiziere rekrutiert; sie beherrschen die klassische Kriegsführung und Tarnung. Die Krieger von al-Qaida sind indes im Guerillakampf erfahren. […] Bei seinen militärischen Operationen setzt der IS eine Mischung aus Mobilität, Terror und Zermürbung ein. Als besonders wirkungsvoll hat sich erwiesen, wenn kleine mobile Einheiten in
15 überraschenden Offensiven in ein Gebiet einfallen; ferner verübt der IS gegen Feinde wie die Schiiten und Minderheiten klassische Terroranschläge, die mit einer größtmöglichen Zahl von Opfern maximale Angst verbreiten sollen. Gezielte Tötungen und Hinrichtungen sollen den Gegner zermürben; zum Vorgehen gehört außerdem, dass die erste Einheit, die in eine eroberte Stadt einzieht, sofort auf dem zentralen Platz willkürliche Hinrichtungen vornimmt, um abzuschrecken und Einwohner in die Flucht zu treiben. Da
20 die Propagandaabteilung des IS Videos solcher Massaker verbreitet, wissen die Bewohner einer Stadt, was auf sie zukommt. […] Menge und Qualität der verfügbaren Waffen und Munition sind ein dritter Grund für den Erfolg. […]
Der vierte Grund für seine Stärke ist, dass ein ausgeklügeltes Finanzsystem den IS von fremden Geldgebern unabhängig gemacht hat. Er gilt weltweit als die reichste Terrorgruppe der Geschichte. Bereits von
25 2005 bis 2010 soll der Anteil der von außen kommenden Zahlungen nicht mehr als fünf Prozent des Budgets bestritten haben. Denn in den Provinzen Niniveh (Mossul) und Anbar hatte er längst ein mafiöses Netz aufgebaut, das durch Schutzgelderpressungen, Geiselnahmen und Wegzölle monatlich Millionen generiert hat. […] Lukrativ sind zudem der Verkauf von Antiquitäten auf den internationalen Schwarzmärkten, die Beschlagnahmung des Vermögens der vertriebenen Minderheiten und Lösegelder für Gei-
30 seln. Frankreich soll im April 2014 für die Freilassung von vier Geiseln 18 Millionen Dollar bezahlt haben. […] Die wichtigste Einnahmequelle ist aber der Verkauf von Erdöl und Erdölprodukten. Allein aus dem Irak schmuggelt der IS jeden Tag 50 000 Barrel in Nachbarstaaten, was ihm bei einem Preis von 20 Dollar für ein Barrel bereits tägliche Einnahmen von 1 Million Dollar beschert. […]
Der IS ist aber auch – ein fünfter Grund für seine Stärke – wegen seiner „staatlichen Ordnung" für radika-
35 lisierte Islamisten äußerst attraktiv. Denn er existiert wirklich und ist nicht bloß eine Ideologie wie al-Qaida, deren Führer sich zudem im Hindukusch verstecken. […] Vor allem Islamisten aus Saudi-Arabien und dem Jemen glauben, dass das, was sie im Namen des IS tun, gut für den Islam und für Allah sei. Den Kriegern aus Europa und Russland bietet er hingegen eine Ideologie des Kampfes und die Illusion von Ruhm. […] Zudem bietet ihnen die Gemeinschaft der Jihadisten Geborgenheit, sie finden den Jihad cool.
40 Für Sunniten ist der IS auch attraktiv, weil er in Damaskus und Bagdad […] wieder eine sunnitische Herrschaft errichten will. […]
Ein nicht zu unterschätzender sechster Faktor ist, dass der IS Rückzugsgebiete sowohl in Syrien wie im Irak hat. Wird er in einem Land angegriffen, kann er sich in das andere zurückziehen und sich dort wieder konsolidieren. Sollte der IS im Irak unter Druck kommen, wird er sich vorübergehend auf Syrien konzen-
45 trieren. Denn die Koalition gegen den IS ist gespalten: Für den Westen hat der Krieg gegen den IS oberste Priorität, für die arabisch-sunnitischen Staaten aber der Sturz Assads. Solange sie sich nicht auf eine gemeinsame Syrienpolitik einigen, wird der IS der Nutznießer sein.

3 Fasst in eigenen Worten die zentralen Gründe für die Stärke des IS zusammen.

4 Leitet aus euren Ergebnissen von Aufgabe 3 Herausforderungen für die internationale Politik ab, die durch den IS entstehen, und entwickelt Ansatzpunkte, wie die internationale Gemeinschaft diese meistern könnte.

 1   Erläutert, was der Begriff „Armut" für euch persönlich bedeutet.

Armut

Gemeinhin wird zwischen relativer und absoluter Armut unterschieden. Letztere liegt der Weltbank zufolge vor, wenn einem Menschen pro Tag weniger als 1,25 US-Dollar zum Leben zur
Verfügung stehen. Sie bezeichnet also ein Leben am Rande des Existenzminimums (existen-
zielle Armut), womit insbesondere Nahrungsmittelknappheit und mangelnder Zugang zu sau-
5   berem Trinkwasser einhergehen. Von relativer Armut spricht man, wenn Menschen ein deutlich geringeres Einkommen als der Durchschnitt der in einem Land lebenden Bevölkerung
haben (Einkommensarmut), sodass sie in nur eingeschränktem Maße an Bildung, Gesundheit
und dem gesellschaftlichen Leben partizipieren können.

Während sich absolute Armut in erster Linie auf die Entwicklungsländer bezieht und in
10   Deutschland nicht existent sein sollte, wird Armut in den Industrieländern in der Regel als relative Armut definiert.

Darüber hinaus unterscheiden manche Forscher weitere Formen von Armut, etwa die politische Armut. Diese liegt dann vor, wenn es für den Einzelnen keine oder lediglich unzureichende Mitwirkungsmöglichkeiten an politischen Entscheidungen sowie keine Chance auf berufli-
15   chen Aufstieg und Selbstverwirklichung gibt.

Ungleiche Lebensbedingungen

Länder mit niedrigem und mittlerem Einkommen	Zugang zu sauberem Wasser	Zugang zu sanitären Einrichtungen	Kinder-sterblichkeit unter 5 Jahren	Besuch weiterführen-der Schulen	Gesundheits-ausgaben
	in % der Bevölkerung		je 1 000 Kinder	in % der ent-sprechenden Altersgruppe	pro Kopf in US-Dollar*
Afrika südlich der Sahara	68	30	83	33	200
Südasien	92	45	53	59	234
Naher Osten und Nordafrika	93	90	25	69	712
Ostasien und Pazifik	94	75	18	76	626
Lateinamerika und Karibik	95	83	18	76	1 087
Europa und Zentralasien	97	86	17	88	1 174
zum Vergleich: Länder mit hohem Einkommen	100	99	6	92	5 193

Quelle: Weltbank 2016   © Globus   11472   *umgerechnet mit Kaufkraftparitäten jeweils letzter verfügbarer Stand

---

 2   Erarbeitet die verschiedenen Dimensionen des Begriffs „Armut" anhand des Textes.

3   Analysiert und interpretiert das Schaubild und geht hierbei insbesondere auf die Entwicklungs-
chancen für Kinder in den verschiedenen Regionen und Kontinenten weltweit ein. Stellt Zusammenhänge zwischen den Themenbereichen Armut, Sicherheit und Migration her.

4   Entwickelt einen realistischen Vorschlag, was jeder Einzelne zur Bekämpfung des Armutsproblems in der Welt beitragen kann.

5   Immer wieder findet sich bei genauerer Beschäftigung mit dem Thema die These „Armut ist
weiblich". Erläutert diese und sammelt Argumente, welche die These stützen können.

Joachim Schweizer: Friedens- und Sicherheitspolitik
© Auer Verlag

Auf der Suche nach Asyl

Zahl der Asylerstanträge in der Europäischen Union

1 257 030
1 204 280
562 680
278 280
206 880
372 855
152 890
195 840
263 160

2008 2009 2010 2011 2012 2013 2014 2015 2016

EU-Staaten mit den meisten erstmaligen Asylbewerbern 2016

Deutschland	722 265
Italien	121 185
Frankreich	75 990
Griechenland	49 875
Österreich	39 860
Großbritannien	38 290
Ungarn	28 215

Hauptherkunftsländer der erstmaligen Asylbewerber 2016

Syrien	334 820
Afghanistan	182 985
Irak	126 955
Pakistan	47 595
Nigeria	46 145
Iran	40 160
Eritrea	33 405

Quelle: Eurostat © **Globus** 11679

---

1 Analysiert und interpretiert das Schaubild.

2 Erläutert die zentralen Gründe dafür, dass seit 2014 viele Menschen einen Asylantrag in den EU-Staaten stellen und unterscheidet hierbei zwischen Push- und Pull-Faktoren.

3 Befragt Zuwanderer aus eurer Umgebung nach den Gründen für ihre Migration.

4 Verfasst einen Kommentar für eure Lokalzeitung zum Thema „Chancen und Probleme der Zuwanderung für Deutschland".

Joachim Schweizer: Friedens- und Sicherheitspolitik
© Auer Verlag

Die neue Angst vor der Atombombe

Eine Karikatur der 60er Jahre zeigt eine Atombombe in einer Konferenzrunde mit den Staatsmännern der damaligen Zeit. „Meine Herren, der Friede bin ich!", steht in der Sprechblase. Doch diese eindimensionale Zeit des Kalten Krieges, in der sich zwei hochgerüstete Machtblöcke im Gleichgewicht des Schreckens in dem Bewusstsein gegenüberstanden, dass der, der als Erster schießt, als Zweiter stirbt,

5 hat sich in ein unheimliches, schwer kalkulierbares Geflecht aufgelöst. Das geht aus dem Jahrbuch 2015 hervor, das jetzt das renommierte Stockholmer Friedensforschungsinstitut Sipri (Stockholm International Peace Research Institute) vorgelegt hat. Dessen besorgniserregendes Fazit: Alle Atommächte modernisieren zurzeit ihre Arsenale; darunter sind unberechenbare Staaten wie Nord-Korea oder Pakistan. Die Gefahr eines nuklearen Kriegs – so die Schlussfolgerung – ist heute so groß wie nie. […]

10 Die Gesamtzahl der Sprengköpfe ging zwar im Vergleich zu 2014 von weltweit 16 350 auf 15 850 erneut zurück. Aber die Zahl einsatzbereiter Waffen stieg von 4 000 auf 4 300. Und Länder wie China, Indien und Pakistan haben nuklear aufgerüstet. 1 800 dieser Waffen würden „in besonders hoher Einsatzbereitschaft" gehalten. Sorge bereitet Sipri die abnehmende Transparenz: „Die USA haben aufgehört, detaillierte Informationen über die russischen und chinesischen Atomstreitkräfte zu veröffentlichen.

15 China bleibt undurchsichtig, Indien und Pakistan sagen nichts zu Zustand und Größe ihrer Arsenale." Israel schweige ohnehin über seine nuklearen Fähigkeiten.

Es vergeht kaum ein Tag, dass Moskauer Staatsmedien nicht die Schlagkraft des russischen Arsenals rühmen und über erfolgreiche Tests neuer Raketen berichten. Die Nato bestätigte unserer Zeitung, dass Russland sein nukleares Potenzial modernisiert. „Moskau hat selbst angekündigt, Kurzstrecken-

20 raketen von Typ ‚Iskander' in die Exklave Kaliningrad zu verlegen", sagte ein Sprecher in Brüssel. Kaliningrad, früher Königsberg, liegt an der Ostsee zwischen Polen und Litauen. Damit lägen Hauptstädte wie Berlin, Warschau und Prag in der Reichweite dieser atomaren Flugkörper. […]

Die Nuklearwaffen der NATO und Russlands bereiten dem Sipri-Institut noch die geringeren Sorgen. Nordkorea sieht sich seit 2012 offiziell als Atommacht und droht damit unverhohlen. Beunruhigend

25 finden Beobachter die enge Zusammenarbeit mit dem Mullah-Regime in Teheran, das ebenfalls nach der Bombe strebt. Geheimdienstquellen gehen von bis zu acht nordkoreanischen Plutoniumbomben aus, was sich mit den Sipri-Erkenntnissen deckt.

Misstrauen ist ein häufiges Motiv beim Streben nach starker Atombewaffnung: Indien, Pakistan und China beäugen sich kritisch, ebenso Israel, Saudi Arabien und der Iran. Gelingt Teheran der Bau der

30 Bombe, dürfte das ein neues Wettrüsten im arabischen Raum anstoßen. Werden sich Südkorea und Japan auch in Zukunft von ihrem Verbündeten USA ausreichend vor Nordkorea und China geschützt fühlen oder selbst nuklear nachrüsten? Was wäre, wenn islamistische Terroristen in den Besitz von Atomwaffen zum Beispiel eines kollabierenden Staates Pakistan gerieten? Abwehrmaßnahmen wie ein land- und seegestützter Raketenschutzschirm der NATO sind zwar im Aufbau, aber extrem teuer

35 und politisch umstritten.

Der Sipri-Experte Shannon Kili brachte es bei der Vorstellung des Berichts in Stockholm auf den Punkt: Die aktuelle Entwicklung zeige, dass keine Atommacht bereit sei, „in absehbarer Zukunft auf ihr nukleares Potenzial zu verzichten".

von Helmut Michelis (rp online, 16. Juni 2015)

 1 Fasst die Aussagen der Analyse von Helmut Michelis thesenartig zusammen.

 2 Teilt die im Text erwähnten Atommächte untereinander auf und recherchiert, in welchem Umfang sie jeweils Nuklearwaffen besitzen und wie sich die Entwicklung in dieser Hinsicht darstellt.

 3 Diskutiert unter Berücksichtigung aktueller politischer Entwicklungen, ob und inwieweit ihr den Aussagen des Autors zustimmen könnt.

Joachim Schweizer: Friedens- und Sicherheitspolitik
© Auer Verlag

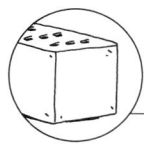

Somalia – ein gescheiterter Staat

Von einem „failed state" (gescheiterten Staat) wird gesprochen, wenn ein Staat seinen Aufgaben und Pflichten nicht mehr nachkommen kann. Die Ursachen von Staatsversagen und damit auch Staatszerfall sind vielschichtig, wie am Beispiel Somalias zu erkennen ist.

Das heutige Somalia entstand 1960, als die Kolonialgebiete Britisch-Somaliland und Italie-
5 nisch-Somaliland zusammengeschlossen und unabhängig wurden. Die Somalier gehören fast vollständig dem sunnitischen Islam an. Eine große Rolle für Gesellschaft und Politik spielt das Clansystem, da jeder Somalier einem Stamm (Clan) angehört, die nicht selten untereinander rivalisieren. Die fünf großen Clanfamilien sind: Darod, Dir, Hawiye, Isaaq, Rahanweyn.

Seit dem Jahr 1991 befindet sich das Land im Bür-
10 gerkrieg, stabile Regierungen gibt es nicht mehr, was sich freilich negativ auf Infrastruktur und Wirtschaft des Landes auswirkt. Zudem kontrolliert die islamistische Gruppierung al-Shabaab, ein regionaler Ableger der al-Qaida, Südsomalia und über-
15 zieht das Land mit Terroranschlägen. Die ohnehin schon mangelhafte Versorgungslage der Menschen verschlechterte sich durch die Ausbeutung der Fischgründe vor der somalischen Küste durch Fangflotten großer Fischereikonzerne noch weiter,
20 wodurch die Piraterie am Horn von Afrika zunahm. Außerdem kam es 2011 durch lange Dürreperioden zu einer Hungerkrise, die die Flüchtlingsströme weiter anschwellen ließ. Zwar unterhalten die Vereinten Nationen große Flüchtlingslager in So-
25 malia, allerdings ist auch dort die Versorgungssituation miserabel, weil Hilfstransporte immer wieder von Piraten, al-Shabaab oder anderen Milizen überfallen werden.

 1 Erstellt einen Cluster zu Ursachen und Folgen von Staatszerfall am Beispiel Somalias und findet passende Oberbegriffe.

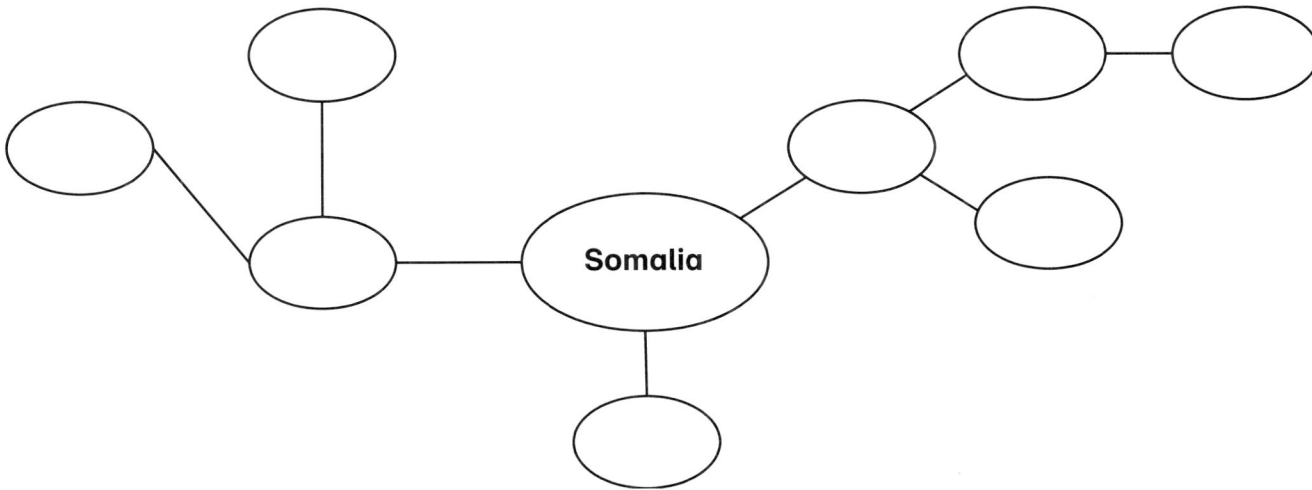

 2 Der sogenannte „Failed States Index" untersucht jährlich Staaten auf ihr Risiko von Staatszerfall. Erkundigt euch im Internet über den aktuellen „Failed States Index". Wählt dann ein Land davon aus, recherchiert über dieses Land und dessen Prozess hin zum gescheiterten Staat. Gestaltet ein Plakat zur politischen, wirtschaftlichen und sozialen Lage des Landes.

Bürgerkrieg in Aleppo

1 Tauscht euch untereinander über die Wirkung des Fotos aus und beschreibt eure Gedanken, Gefühle und Empfindungen genau.

2 Erläutert anhand des Fotos die Bedeutung der medialen Berichterstattung im syrischen Bürgerkrieg.

3 Erstellt ein Schaubild zu Ursachen, Anlass, Verlauf und (bisherigen) Folgen des Bürgerkriegs in Syrien und geht hierbei insbesondere auch auf die Rolle des Westens und Russlands ein.

Joachim Schweizer: Friedens- und Sicherheitspolitik
© Auer Verlag

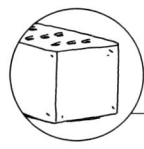

Nordkorea – ein totalitärer Staat (1)

1 Ermittelt zentrale Informationen über Nordkorea und erstellt einen Steckbrief.

Offizieller Name: _____   Landesflagge:

_____

Unabhängigkeit: _____

Amtssprache: _____

Fläche: _____

Einwohner: _____

Hauptstadt: _____

Religionen: _____

_____

Währung: _____

BIP: _____

BIP pro Kopf: _____

Regierungsform: _____

Herrscherdynastie: _____

historische Entwicklung seit dem Koreakrieg:

_____

_____

_____

_____

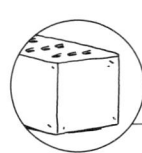
Juche-Ideologie

der Fall Jang Song Thaek

Songun-Politik

Atomprogramm

**Nordkorea –
ein totalitäres
System**

Kimilsungismus-
Kimjongilismus

Menschenrechte

PdAK

Verfassung

der Führer als Kopf
der Gesellschaft

Wahlen

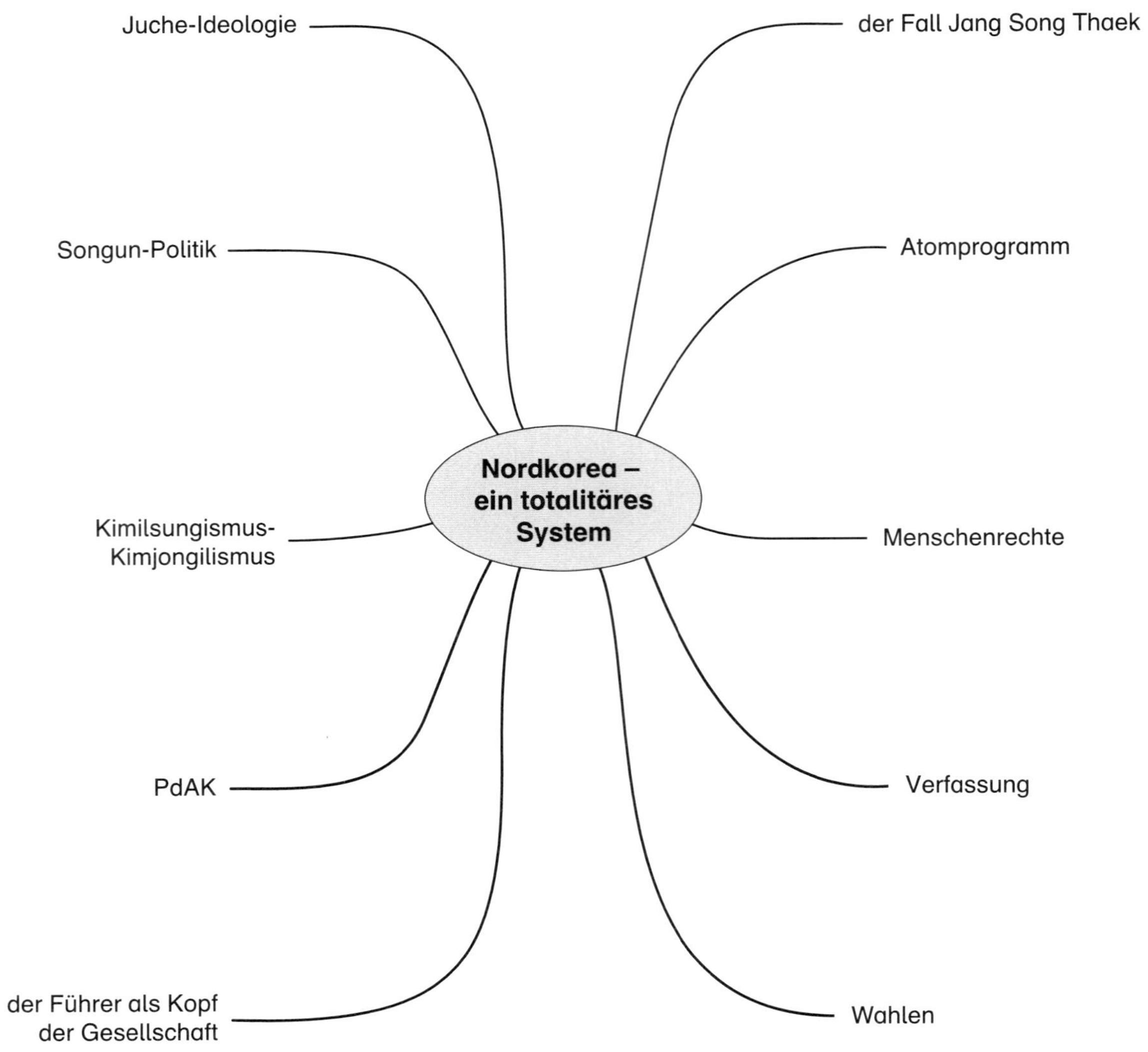

2 Recherchiert zu den Oberbegriffen der Mindmap genauere Informationen und haltet diese stichpunktartig fest.

3 Leitet aus euren Ergebnissen von Aufgabe 2 die Kennzeichen totalitärer Diktaturen ab und vergleicht das nordkoreanische System mit einer anderen totalitären Diktatur des 20. Jahrhunderts.

4 Führt eine Debatte über eine potenzielle Bedrohung der Weltordnung durch totalitäre Bewegungen wie in Nordkorea.

Joachim Schweizer: Friedens- und Sicherheitspolitik
© Auer Verlag

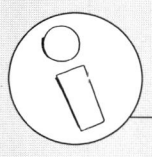
Didaktisch-methodische Hinweise

Dieses Kapitel setzt sich zunächst mit der Geburtsstunde sowie den aktuellen Mitgliedern der Europäischen Union auseinander. Auf dieser Basis werden die verschiedenen außenpolitischen Akteure des Bündnisses beleuchtet. Schließlich werden anhand verschiedener Aspekte die Chancen und Probleme einer Gemeinsamen Außen- und Sicherheitspolitik (GASP) der EU diskutiert, worauf sich eine Reflexion und Diskussion potenzieller Zukunftsszenarien anschließt.

Unterrichtseinheit 6:

 Sachkompetenz, Deutungskompetenz, Wahrnehmungskompetenz, Urteilskompetenz, Kommunikationskompetenz

Das doppelseitige Arbeitsblatt **„Die Mitglieder der EU" (S. 29f.)** dient als Einstieg in die Thematik. Die Schüler ermitteln anhand einer stummen Karte, welche Länder bereits der EU angehören und welche Beitrittskandidaten es gibt. Eine Sicherung erfolgt im Unterrichtsgespräch, es empfiehlt sich, zuvor einem Schüler eine mit der stummen Karte bedruckte OHP-Folie auszuhändigen. Nachdem er den Arbeitsauftrag erledigt hat, präsentiert er seine Ergebnisse und diese werden verglichen.

Um die Gestalt der EU noch besser zu erfassen, beschäftigen sich die Schüler in der Folge genauer mit den einzelnen Mitgliedstaaten. Es bietet sich an, die 28 Mitgliedstaaten auf die Schüler der Klasse zu verteilen. Ob sich die Schüler hierbei ein Land auswählen dürfen oder eine Verlosung der Länder erfolgt, liegt im Ermessen des Lehrers. Nach der Fertigstellung der Steckbriefe können diese im Klassenzimmer aufgehängt werden, auch die Gestaltung einer Wandzeitung ist möglich. Als Präsentationsmodus kann der „Gallery walk" gewählt werden, bei dem sich die Schüler – wie in einer Galerie – durch das Klassenzimmer bewegen, um sich über die 28 Länder zu informieren. Besonders effektiv ist die Methode, wenn die Klasse in rotierenden Gruppen durch die Galerie läuft und die jeweiligen Ersteller des Steckbriefs die Spezifika des Staates erläutern.

Das Arbeitsblatt **„Die ‚Geburtsstunde' der EU" (S. 31)** verdeutlicht den Schülern zunächst, dass die Wurzel der Europäischen Union in der Überwindung der sogenannten Erbfeindschaft zwischen Deutschen und Franzosen im 19. und 20. Jahrhundert liegt. Durch die Beschäftigung mit einem Auszug aus der Erklärung Robert Schumans vom 9. Mai 1950 erfassen sie die Motive für die Entstehung der Montanunion bzw. der Europäischen Gemeinschaft für Kohle und Stahl (EGKS), die das Fundament für die heutige EU legte.

Unterrichtseinheit 7:

 Sachkompetenz, Deutungskompetenz, Wahrnehmungskompetenz, Urteilskompetenz, Kommunikationskompetenz

Welche Personen und Gremien das außenpolitische Handeln der EU in besonderem Maße bestimmen und beeinflussen können, erfahren die Schüler durch die Beschäftigung mit dem Arbeitsblatt **„Die außenpolitischen Akteure der EU" (S. 32)**. In arbeitsteiliger Vorgehensweise ermitteln sie Befugnisse und Kompetenzen der abgebildeten Instanzen und erstellen auf der Basis ihrer Recherchen ein Schaubild. Darauf aufbauend reflektieren sie mittels des Arbeitsblattes **„Chancen und Grenzen einer Gemeinsamen Außen- und Sicherheitspolitik der Europäischen Union (GASP)" (S. 33)**, worin Möglichkeiten und Probleme einer Gemeinsamen Außen- und Sicherheitspolitik der Europäischen Union zu sehen sind. In diesem Zusammenhang kann auch auf die Frage des Aufbaus einer Europaarmee eingegangen werden, die durchaus kontrovers diskutiert werden sollte.

Unterrichtseinheit 8:

(K) Sachkompetenz, Deutungskompetenz, Wahrnehmungskompetenz, Urteilskompetenz, Kommunikationskompetenz

Ein besonders lebensweltlicher Bezug wird über das Arbeitsblatt **„Die EU und die Schlüsselfrage in der Flüchtlingspolitik"** (S. 34) hergestellt. Im Zuge der Erarbeitungsphasen setzen sich die Schüler anhand eines Darstellungstextes mit dem Vorschlag einer gesamteuropäischen Verteilung der Flüchtlinge gemäß einem festgelegten Schlüssel auseinander. Auf dessen Grundlage erarbeiten und erkennen sie die Chancen einer solchen Vorgehensweise, verstehen aber auch, weshalb sich eine konkrete Umsetzung (Stand: August 2017) als schwierig erweist. Schließlich reflektieren die Schüler über weitere Möglichkeiten zur Lösung der Flüchtlingsproblematik und entwickeln einen kleinen Maßnahmenkatalog. Ein Austausch über die Vorschläge erfolgt entweder im Plenum oder durch die sogenannte Kugellager-Methode. Bei dieser setzen sich die Schüler in Kreisform paarweise gegenüber, indem ein äußerer und ein innerer Kreis gebildet werden. Die beiden Gesprächspartner tauschen sich über jeweils eine Maßnahme aus, auf ein akustisches Signal des Lehrers rückt der Innenkreis zwei Stühle weiter, sodass neue Paarungen entstehen. Dieser Vorgang wiederholt sich. Grundsätzlich ist zu beachten, dass aktiv zugehört wird, was auch dadurch gewährleistet werden kann, dass der Lehrer als Moderator nach jeder Runde einen beliebigen Teilnehmer bitten kann, dem Plenum die Inhalte des Paargesprächs mitzuteilen.

Daran anschließend reflektieren die Schüler mit dem Arbeitsblatt **„‚Festung' Europa?"** (S. 35) darüber, ob man von einer „Festung" Europa sprechen kann. Im Anschluss an die Analyse und Interpretation der Karikatur überprüfen die Schüler die Aussageabsicht des Illustrators anhand aktueller politischer Ereignisse. Ein Austausch der verschiedenen Argumente zur Frage „Festung Europa – Politik der Abschottung statt Solidarität und Barmherzigkeit?" kann z. B. über eine Fishbowl-Diskussion erfolgen. In einem Innenkreis diskutieren je zwei Schüler, die kontroverse Positionen vertreten. Der Außenkreis, welcher in Zuhörerfunktion die Diskussion verfolgt, kann an passender Stelle von einem Moderator einbezogen werden. Natürlich kann auch eine „Ablösung" eines oder mehrerer Schüler im Innenkreis durch bisherige Zuschauer durchgeführt werden, um nach einer gewissen Zeit neue Argumente zu beleuchten.

Das Arbeitsblatt **„EU-Beitritt der Türkei?"** (S. 36) setzt sich mit einem besonders strittigen Thema auseinander, bei dem viele Schüler auch intrinsisch motiviert sein werden. Anhand der vorliegenden Äußerungen filtern die Jugendlichen mögliche Chancen und Gefahren eines Beitritts der Türkei zur Europäischen Union heraus, sammeln im Anschluss in Partnerarbeit weitere Argumente und machen anschließend ihre eigene Sichtweise deutlich. Je nach zur Verfügung stehender Zeit handelt es sich bei der Talkshow (Aufgabe 2) um eine sehr attraktive und abwechslungsreiche Möglichkeit der Vertiefung des Erarbeiteten.

Durch die Beschäftigung mit dem Arbeitsblatt **„Brexit"** (S. 37) erkennen die Schüler, welche Gründe die Mehrheit der Briten im Juni 2016 dazu veranlasste, für einen Austritt aus der Europäischen Union zu votieren. Anschließend erschließen sie sich das Schaubild und erkennen, was die ersten Verhandlungen zwischen Großbritannien und der EU in der Causa „Brexit" ergeben haben. In Aufgabe 2 legen sie einen Zeitstrahl an, welcher das Schaubild organisch weiterführen soll. Abschließend reflektieren die Schüler darüber, ob der Brexit den „Anfang vom Ende" der EU darstellt.

Unterrichtseinheit 9:

(K) Sachkompetenz, Deutungskompetenz, Wahrnehmungskompetenz, Urteilskompetenz, Kommunikationskompetenz

Auf der Basis von fünf Szenarien auf dem Arbeitsblatt **„Zukunftsszenarien"** (S. 38), die vom EU-Kommissionspräsidenten Jean-Claude Juncker formuliert wurden, debattieren die Schüler über Perspektiven des europäischen Bündnisses, was in eine Podiumsdiskussion zum Thema „Die Zukunft der Europäischen Union" münden kann. Hier kann es besonders reizvoll sein, den Unterricht nach außen zu öffnen und eine direkt in den Politikbetrieb involvierte Person, im besten Falle einen Europapolitiker, an die Schule zu holen.

Joachim Schweizer: Friedens- und Sicherheitspolitik
© Auer Verlag

 Kennzeichnet in der folgenden Karte die Mitgliedstaaten der Europäischen Union (grün) und anschließend die EU-Beitrittskandidaten (blau). Benennt sie, indem ihr die Autokennzeichen in die Länderumrisse eintragt.

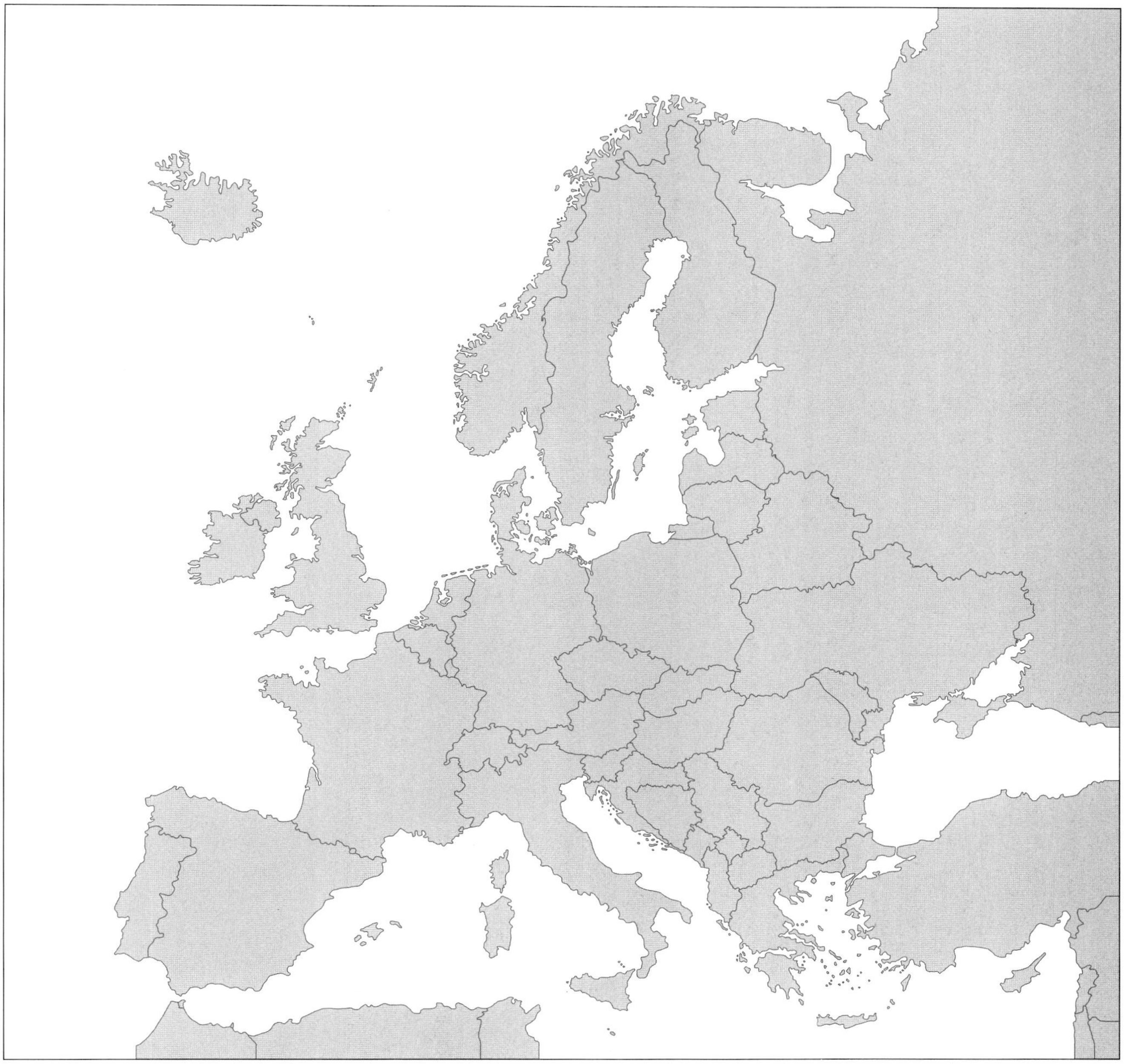

Mitglieder der EU:

Belgien (B), Bulgarien (BG), Dänemark (DK), Deutschland (D), Estland (EST), Finnland (FIN), Frankreich (F), Griechenland (GR), Großbritannien und Nordirland (GB), Irland (IRL), Italien (I), Kroatien (HR), Lettland (LV), Litauen (LT), Luxemburg (L), Malta (M), Niederlande (NL), Österreich (A), Polen (PL), Portugal (P), Rumänien (RO), Schweden (S), Slowakei (SK), Slowenien (SLO), Spanien (E), Tschechische Republik (CZ), Ungarn (H), Zypern (CY)

EU-Beitrittskandidaten:

Albanien (AL), Mazedonien (MK), Montenegro (MNE), Serbien (SRB), Türkei (TR)

2 Stellt euch die 28 EU-Mitgliedstaaten und die fünf Beitrittskandidaten gegenseitig vor. Entwirf hierfür einen Steckbrief des dir zugeteilten Landes.

_____

Hauptstadt: _____

Einwohnerzahl: _____

Durchschnittsalter: _____

Lebenserwartung (Männer / Frauen): _____

Gesamtfläche: _____

Küstenlinie: _____

Währung: _____

Mitglied in der EU seit: _____

Nachbarstaaten: _____

_____

Regierungsform: _____

Staatsoberhaupt: _____

Religion(en): _____

Ethnische Gruppen: _____

Arbeitslosigkeit: _____

Sprache(n): _____

Kulinarische Spezialität: _____

Landesflagge:

Joachim Schweizer: Friedens- und Sicherheitspolitik
© Auer Verlag

Die Erklärung des französischen Außenministers Robert Schuman vom 9. Mai 1950 (Auszug):

Frankreich, das sich seit mehr als 20 Jahren zum Vorkämpfer eines Vereinten Europas macht, hat immer als wesentliches Ziel gehabt, dem Frieden zu dienen. Europa ist nicht zustande gekommen, wir haben den Krieg gehabt.

Europa lässt sich nicht mit einem Schlage herstellen und auch nicht durch eine einfache Zusammenfas-
5 sung: Es wird durch konkrete Tatsachen entstehen, die zunächst eine Solidarität der Tat schaffen. Die Vereinigung der europäischen Nationen erfordert, dass der Jahrhunderte alte Gegensatz zwischen Frankreich und Deutschland ausgelöscht wird. [...]

Die französische Regierung schlägt vor, die Gesamtheit der französisch-deutschen Kohle- und Stahlproduktion einer gemeinsamen Hohen Behörde zu unterstellen, in einer Organisation, die den anderen eu-
10 ropäischen Ländern zum Beitritt offensteht. Die Zusammenlegung der Kohle- und Stahlproduktion wird sofort die Schaffung gemeinsamer Grundlagen für die wirtschaftliche Entwicklung sichern – die erste Etappe der europäischen Föderation – und die Bestimmung jener Gebiete ändern, die lange Zeit der Herstellung von Waffen gewidmet waren, deren sicherste Opfer sie gewesen sind.

Die Solidarität der Produktion, die so geschaffen wird, wird bekunden, dass jeder Krieg zwischen Frank-
15 reich und Deutschland nicht nur undenkbar, sondern materiell unmöglich ist. Die Schaffung dieser mäch-
tigen Produktionsgemeinschaft, die allen Ländern offensteht, die daran teilnehmen wollen, mit dem Zweck, allen Ländern, die sie umfasst, die notwendigen Grundstoffe für ihre industrielle Produktion zu gleichen Bedingungen zu liefern, wird die realen Fundamente zu ihrer wirtschaftlichen Vereinigung legen. Diese Produktion wird der gesamten Welt ohne Unterschied und Ausnahme zur Verfügung gestellt wer-
20 den, um zur Hebung des Lebensstandards und zur Förderung der Werke des Friedens beizutragen. [...] Durch die Zusammenlegung der Grundindustrien und die Errichtung einer neuen Hohen Behörde, de-
ren Entscheidungen für Frankreich, Deutschland und die anderen teilnehmenden Länder bindend sein werden, wird dieser Vorschlag den ersten Grundstein einer europäischen Föderation bilden, die zur Bewahrung des Friedens unerlässlich ist.

1 Robert Schuman stellt in seiner Erklärung klar, dass die Vereinigung der europäischen Nationen erfordern würde, dass der Jahrhunderte alte Gegensatz zwischen Frankreich und Deutschland ausgelöscht werde (Z. 5–7). Ermittelt wesentliche Stationen der sogenannten Erbfeindschaft zwischen Deutschen und Franzosen im 19. und 20. Jahrhundert.

_____

_____

_____

2 Fasst die zentralen Aussagen Schumans zusammen und erläutert die Motive für die Entste-
hung der Montanunion bzw. der Europäischen Gemeinschaft für Kohle und Stahl (EGKS), die das Fundament für die heutige EU legte.

_____

_____

_____

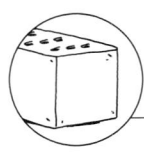

Die außenpolitischen Akteure der EU

1 Zu den außenpolitischen Akteuren der Europäischen Union gehören der Europäische Rat, der Rat für Auswärtige Angelegenheiten, der Hohe Vertreter für die Außen- und Sicherheitspolitik, der Präsident des Europäischen Rats, der Kommissionspräsident und das Europäisches Parlament.
Ermittelt die Befugnisse und Kompetenzen des euch zugeteilten außenpolitischen Akteurs der EU und tragt eure Ergebnisse zusammen.

_____

_____

_____

_____

_____

_____

_____

_____

2 Zeichnet ein Schaubild mit den außenpolitischen Akteuren der EU und macht durch entsprechende grafische Mittel (z. B. Pfeile) die Beziehungen untereinander deutlich.

Joachim Schweizer: Friedens- und Sicherheitspolitik
© Auer Verlag

Chancen und Grenzen einer Gemeinsamen Außen- und Sicherheitspolitik der Europäischen Union (GASP)

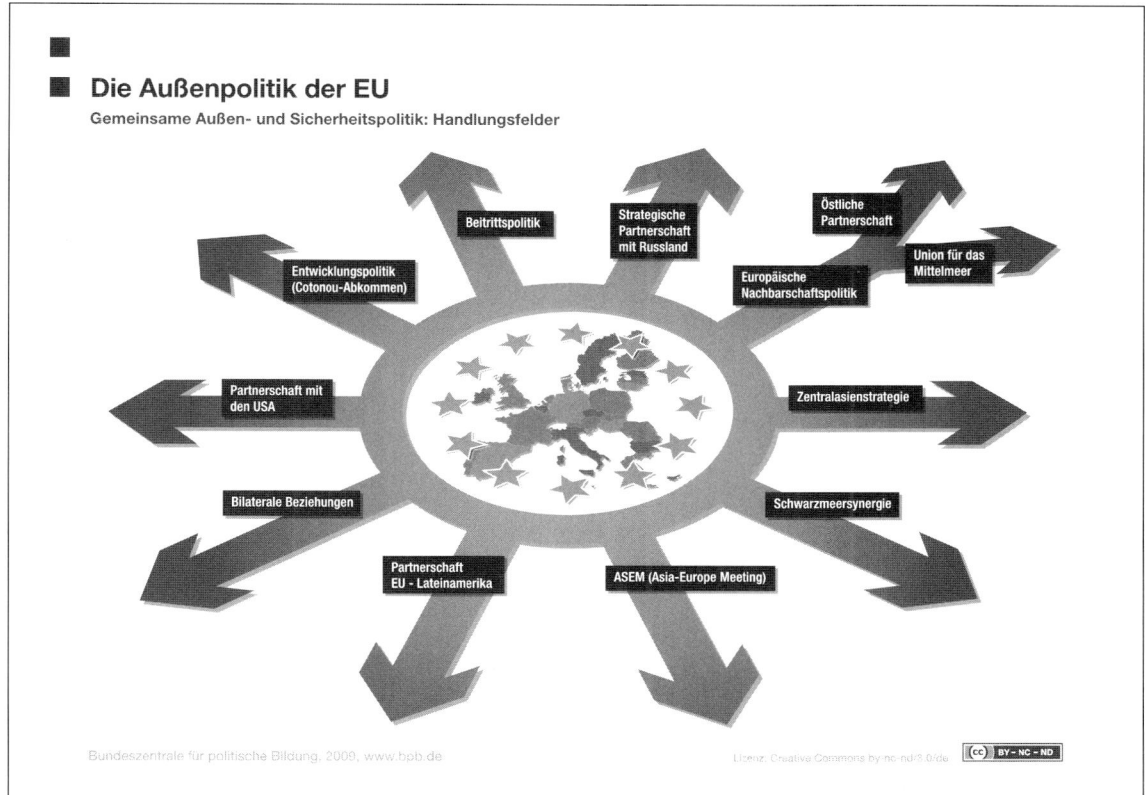

Die Außenpolitik der EU

Gemeinsame Außen- und Sicherheitspolitik: Handlungsfelder

Beitrittspolitik

Strategische Partnerschaft mit Russland

Östliche Partnerschaft

Entwicklungspolitik (Cotonou-Abkommen)

Europäische Nachbarschaftspolitik

Union für das Mittelmeer

Partnerschaft mit den USA

Zentralasienstrategie

Bilaterale Beziehungen

Schwarzmeersynergie

Partnerschaft EU - Lateinamerika

ASEM (Asia-Europe Meeting)

1 Ermittelt unter Berücksichtigung aktueller politischer Ereignisse, wie sich die Beziehungen der EU auf drei Handlungsfeldern eurer Wahl momentan darstellen.

2 Diskutiert Chancen und Probleme der Gemeinsamen Außen- und Sicherheitspolitik der EU.

3 Im Zuge einer Gemeinsamen Sicherheits- und Verteidigungspolitik der EU ist auch immer wieder vom Aufbau einer Europaarmee die Rede, das heißt die Einrichtung gesamteuropäischer Streitkräfte, die dann einem potenziellen europäischen Verteidigungsministerium unterstellt werden könnten. Erläutert Pro- und Kontraargumente einer Europaarmee.

PRO	KONTRA

Die EU und die Schlüsselfrage in der Flüchtlingspolitik

Innerhalb der Europäischen Union herrscht Uneinigkeit, wie mit den vielen Menschen, die in den vergangenen Jahren ihre Heimat verlassen haben und auch aktuell verlassen, umgegangen werden soll. Es ist auffällig, dass es einerseits Länder gibt, in die eine hohe Anzahl von Flüchtlingen einreisen und dort leben wollen. Hierzu gehören etwa Deutschland und Schweden. An-
5 dererseits ist zu beobachten, dass es Länder gibt, in die nur eine geringe Zahl von Flüchtlingen kommt, was auch mit einer „Politik der Abschottung" dieser Staaten zusammenhängt.

Die deutsche Bundeskanzlerin Angela Merkel und die EU-Kommission setzen bei der Lösung der Flüchtlingsproblematik auf einen „gesamteuropäischen Ansatz". So sollen die Flüchtlinge nach einem fest definierten
10 Schlüssel auf die 28 Mitgliedstaaten der Europäischen Union verteilt werden. Dieser Schlüssel bzw. die Quote, die die Zahl der Flüchtlinge berechnet, die ein Land aufnehmen soll, bestimmt sich zu jeweils 40 % nach dem Bruttoinlandsprodukt und der Bevölkerungszahl. Je 10 % würden demnach auf die dort herrschende Arbeitslosigkeit und die Zahl der
15 bisher bereits aufgenommenen Menschen entfallen. (Stand: März 2016)

1 Erläutert, welche Vorteile ein gesamteuropäischer Verteilungsschlüssel in der Flüchtlingsfrage bietet.

2 Diskutiert, warum sich die Umsetzung dieses Vorschlags als schwierig herausstellt.

3 Erstellt einen Maßnahmenkatalog, in welchem ihr weitere Vorschläge für die Lösung der Flüchtlingsproblematik entwickelt.

_____

_____

_____

_____

_____

_____

_____

_____

4 Die Informationen oben stammen aus dem März 2016. Recherchiert, wie sich die Situation bis zum heutigen Tag entwickelt hat. Ist es zu einer gesamteuropäischen Lösung gekommen?

Joachim Schweizer: Friedens- und Sicherheitspolitik
© Auer Verlag

Stürmische Zeiten

1 Analysiert und interpretiert die Karikatur, die aus dem Jahr 2011 stammt.

_____

_____

_____

_____

_____

_____

_____

_____

2 Diskutiert unter Berücksichtigung aktueller politischer Ereignisse, ob und inwieweit ihr der Aussageabsicht des Karikaturisten zustimmen könnt. Sammelt konkrete Argumente, welche die jeweilige Sichtweise untermauern.

3 Führt zu folgendem Thema eine Fishbowl-Diskussion durch: „Festung" Europa – Politik der Abschottung statt Solidarität und Barmherzigkeit?

EU-Beitritt der Türkei?

Die Frage, ob die Türkei der EU beitreten sollte, wird seit langer Zeit kontrovers diskutiert. Worin liegen für beide Seiten Chancen, aber auch mögliche Gefahren?
Schüler der 10. Klasse haben dazu vier Personen interviewt:

Alexander Adam:
Ein EU-Beitritt der Türkei wäre gerade für die Bundesrepublik Deutschland vorteilhaft. Wenn die Türkei nämlich Mitglied der Europäischen Union werden würde, hätte das gerade für die in Deutschland lebende türkischstämmige Bevölkerung positive Auswirkungen, da diese dann besser und stärker integriert werden könnte.

Britta Ballmann:
Ich finde, dass die Türkei geografisch nicht zu Europa gehört. Darüber hinaus gibt es meiner Meinung nach auch einfach zu viele kulturelle Unterschiede, die nicht zu überbrücken sind.

Christian Claudius:
Natürlich läuft in der Türkei nicht alles perfekt, es ist nicht zu leugnen, dass es gerade unter Erdogan Menschenrechtsverletzungen, z. B. in Hinblick auf Meinungs- und Pressefreiheit gab und gibt. Auch die Situation der Kurden dort ist alles andere als befriedigend. Andererseits könnte ein EU-Beitritt hier Abhilfe schaffen. Die Türkei müsste nämlich die Kopenhagener Kriterien und damit zentrale „Spielregeln" der EU-Mitgliedstaaten anerkennen und einhalten. Die wirtschaftlichen Anreize, die ein EU-Beitritt für die Türkei mit sich bringen würden, wären dann sicher Anlass genug, dass sich das Land zukünftig noch stärker demokratisiert.

Dara Domaschke:
Dass die EU vom wirtschaftlichen Aufschwung der Türkei profitieren kann, halte ich für puren Unsinn. Ganz im Gegenteil: Ich bin der festen Überzeugung, dass ein Beitritt der Türkei sowohl kurz- als auch langfristig eine hohe finanzielle Belastung für alle EU-Staaten darstellen würde. Darüber hinaus läge die südöstliche Außengrenze der EU dann auch am Irak, Syrien und dem Iran. Warum sollten wir denn noch stärker und direkter mit den verschiedenen Konflikten im Nahen Osten in Berührung kommen wollen?

1 Diskutiert die Aussagen der Personen. Welchen Sichtweisen könnt ihr zustimmen, welchen nicht? Begründet eure Meinung genau und sammelt unter Berücksichtigung aktueller politischer Entwicklungen weitere Argumente, die für bzw. gegen einen EU-Beitritt der Türkei sprechen.

2 Führt vor dem Hintergrund eurer bisherigen Ergebnisse eine Talkshow zu der Frage durch, ob die Türkei der EU beitreten sollte.

Joachim Schweizer: Friedens- und Sicherheitspolitik
© Auer Verlag

So läuft der Brexit ab

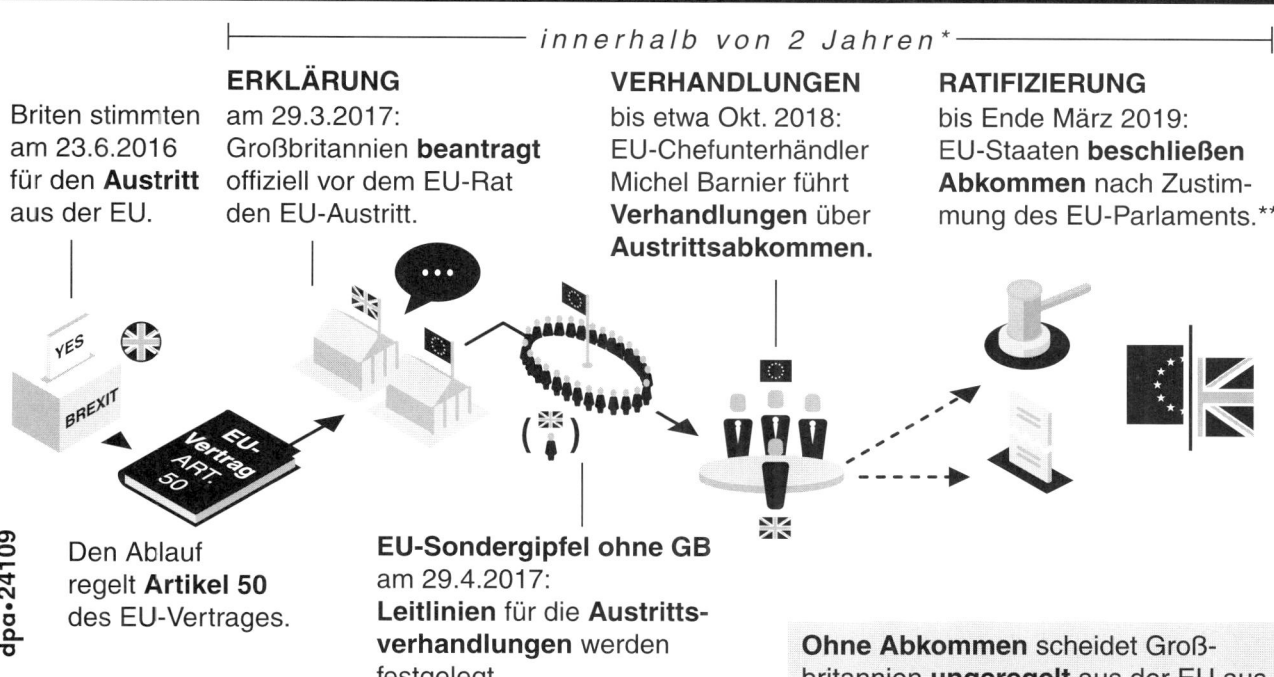

innerhalb von 2 Jahren*

ERKLÄRUNG

Briten stimmten am 23.6.2016 für den **Austritt** aus der EU.

am 29.3.2017: Großbritannien **beantragt** offiziell vor dem EU-Rat den EU-Austritt.

VERHANDLUNGEN

bis etwa Okt. 2018: EU-Chefunterhändler Michel Barnier führt **Verhandlungen** über **Austrittsabkommen.**

RATIFIZIERUNG

bis Ende März 2019: EU-Staaten **beschließen Abkommen** nach Zustimmung des EU-Parlaments.**

dpa•24109

Den Ablauf regelt **Artikel 50** des EU-Vertrages.

EU-Sondergipfel ohne GB am 29.4.2017: **Leitlinien** für die **Austrittsverhandlungen** werden festgelegt.

Ohne Abkommen scheidet Großbritannien **ungeregelt** aus der EU aus.

* Eine Verlängerung ist möglich
** Premierministerin Theresa May wird das Abkommen auch dem brit. Parlament vorlegen.

Quelle: dpa

1 Ermittelt, warum eine Mehrheit der Briten im Juni 2016 für einen Austritt aus der EU votierte.

2 Das vorliegende Schaubild wurde am 05. April 2017 veröffentlicht. Informiert euch darüber, wie die Verhandlungen zwischen der EU und Großbritannien seitdem verlaufen sind, und haltet eure Ergebnisse in einem Zeitstrahl fest.

3 Diskutiert, ob der Brexit den „Anfang vom Ende" der EU darstellt.

Diese fünf Szenarien, wie es nach dem Brexit mit der Europäischen Union weitergehen könnte, hat der EU-Kommissionspräsident Jean-Claude Juncker vorgelegt:

Szenario 1:

Es geht Schritt für Schritt nach vorn in allen Politikbereichen: Euro, Migration, Sicherheit, Verteidigung. Aber es wäre, wie bisher, ein langsamer und mühsamer Fortschritt. Die EU-Kommission würde bei ihrem Plan bleiben, möglichst nur so viel zu regulieren, wie unbedingt nötig ist. Die Einheit der 27 würde bestehen bleiben, könnte aber „bei größeren Streitfragen" aufs Spiel gesetzt werden. Eine positive Entwicklung hängt davon ab, wie viel guten Willen zur Zusammenarbeit die Mitgliedstaaten aufbringen können. Der Entscheidungsprozess bliebe so schwierig („komplex") wie bisher und die Erwartungen blieben oft hinter den Hoffnungen zurück. […]

Szenario 2:

Dies ist das Minimal-Szenario, das nah an den Wünschen der britischen Konservativen oder anderer Euro-Skeptikern liegt. Die EU würde sich beschränken und auf den Binnenmarkt konzentrieren, der zu ihrem eigentlichen Daseinsgrund würde. In vielen Politikbereichen wäre sie nicht in der Lage, mit einer Stimme zu sprechen. Das gilt etwa für Themen wie Klimaschutz, Steuerhinterziehung oder Handelsfragen. Auf diese Weise würde die EU nach Junckers Einschätzung international an Bedeutung verlieren. Er macht hinreichend deutlich, dass er von einer solchen Entwicklung wenig hält. […]

Szenario 3:

Staaten, die im Rahmen der EU enger zusammenarbeiten wollen als bisher, sollen Koalitionen der Willigen bilden. Beim Euro oder im Schengen-Rahmen geschieht dies schon und könnte auf die Bereiche Verteidigung, innere Sicherheit, Steuern und soziale Angelegenheiten ausgeweitet werden. Denkbar wäre, dass man gemeinsame Polizeitruppen aufstellt, die grenzüberschreitend ermitteln würden; dass eine Gruppe von Staaten das Arbeitsrecht vollständig harmonisiert; dass ein echter Austausch von Sicherheitsdaten in Gang kommt. Oder dass mehrere Staaten gemeinsam eine Drohne zu militärischen oder humanitären Zwecken nutzen. Andere Staaten könnten auf Wunsch später nachziehen. Die Einheit der Union bliebe in diesem Szenario gewahrt. Es hört sich am ehesten nach dem „Europa der mehreren Geschwindigkeiten" an, das Bundeskanzlerin Angela Merkel seit Kurzem bei jeder Gelegenheit im Munde führt. Juncker vermeidet diesen Begriff. Und er legt Wert darauf, dass die Richtung für alle dieselbe bleiben muss. […]

Szenario 4:

Statt dass einzelne Staatengruppen vorangehen, entscheidet sich die EU als Ganze dafür, sich auf einige Politikbereiche besonders zu konzentrieren. In diesen Bereichen erhielte die Union dann mehr „Instrumente". Als Beispiel nennt Juncker den Abgasskandal, bei dem von der EU ein energischeres Einschreiten erwartet worden sei, Brüssel aber die entsprechenden Kompetenzen gefehlt hätten. In der Migrationspolitik könnte dies bedeuten, dass der neue Grenz- und Küstenwachschutz die Überwachung aller nationalen Grenzen übernimmt und künftig alle individuellen Asylentscheidungen nicht mehr national, sondern auf der europäischen Ebene getroffen würden. Gleichzeitig würde sich die EU aus anderen Gebieten weitestgehend zurückziehen: etwa der Regionalförderung, Gesundheitsfragen, Sozialem und Beschäftigung oder der Beihilfen-Kontrolle. Schwierig wäre nach Ansicht Junckers, sich über die Schritte im Einzelnen einig zu werden. […]

Szenario 5:

Das ist die ambitionierteste Variante. Die EU würde sich verständigen auf alles, was für einen funktionierenden Euro nötig wäre – zum Beispiel eine viel umfassendere Koordinierung der nationalen Finanz-, Steuer- und Sozialpolitik. Die EU erhielte mehr Geld, um Disparitäten in der wirtschaftlichen Entwicklung auszugleichen, aus dem jetzigen Rettungsfonds ESM würde ein Europäischer Währungsfonds. Es würde insgesamt leichter, Entscheidungen zu treffen. Das Risiko: Eine solche Entwicklung könnte jene Teile der Gesellschaft auf die Barrikaden treiben, die der EU die demokratische Legitimation absprechen und das Gefühl hätten, den nationalen Regierungen würden noch mehr Kompetenzen abgenommen. […]

 Entwickelt zu jedem Szenario einen knappen Slogan und tragt diesen beim jeweiligen Szenario ein.

 Tauscht euch darüber aus, ob der Kommissionspräsident hier wirklich alle möglichen Szenarien vorgelegt hat. Gibt es eurer Meinung nach weitere potenzielle Szenarien?

 Diskutiert unter Berücksichtigung aktueller politischer Ereignisse, welches der von Jean-Claude Juncker skizzierten Zukunftsszenarien ihr am wahrscheinlichsten erachtet.

 Führt eine Podiumsdiskussion zum Thema „Die Zukunft der Europäischen Union" durch.

Joachim Schweizer: Friedens- und Sicherheitspolitik
© Auer Verlag

Didaktisch-methodische Hinweise

Das folgende Kapitel will den Schülern die ihnen in der Regel kaum bekannte Organisation für Sicherheit und Zusammenarbeit in Europa (OSZE) näherbringen. Neben der Kenntnis der Entwicklung und des Aufbaus der OSZE sollen die Schüler insbesondere erkennen, welche vielfältigen Möglichkeiten diese verstetigte Staatenkonferenz hat, Friedens- und Sicherheitspolitik zu beeinflussen.

Unterrichtseinheit 10:

 Sachkompetenz, Deutungskompetenz, Wahrnehmungskompetenz, Kommunikationskompetenz

In fächerübergreifender Arbeitsweise befassen sich die Schüler mittels des Arbeitsblattes „**Die KSZE und die Schlussakte von Helsinki**" (S. 40) zunächst mit der Genese der OSZE und erkennen dabei, dass es sich um ein „Produkt" des Kalten Krieges handelt.

Anschließend setzen sich die Schüler anhand des Arbeitsblattes „**Institutionen der OSZE**" (S. 41) mit diesen auseinander. Im Anschluss an die Textarbeit erarbeiten sie in Partnerarbeit eine Strukturskizze des grundsätzlichen Aufbaus der Organisation für Sicherheit und Zusammenarbeit in Europa.

Unterrichtseinheit 11:

 Sachkompetenz, Deutungskompetenz, Wahrnehmungskompetenz, Urteilskompetenz, Kommunikationskompetenz

Das doppelseitige Arbeitsblatt „**Aufgaben der OSZE – ein vergessener und unterschätzter Akteur?**" (S. 42f.) will zunächst anhand der vorliegenden Schlagzeilen die wesentlichen Kompetenzen und Zuständigkeiten der Staatenkonferenz aufzeigen. Darauf aufbauend fordert das Arbeitsblatt die Schüler dazu auf, sich über eine Woche hinweg mit der medialen Berichterstattung zu befassen und zu überprüfen, ob und in welchem Ausmaß die Aktivitäten der OSZE präsent sind, was zu einer ersten Bewertung in Aufgabe 3 führt. Der zweite Teil des Arbeitsblattes führt die Thematik weiter und vertieft anhand des Textes die Rolle der OSZE auf dem Parkett internationaler Diplomatie. Schließlich erkennen die Schüler die Bedeutung sowie das Potenzial, von Deeskalation bis hin zu Konfliktlösung, welches der Staatenkonferenz innewohnt.

Joachim Schweizer: Friedens- und Sicherheitspolitik
© Auer Verlag

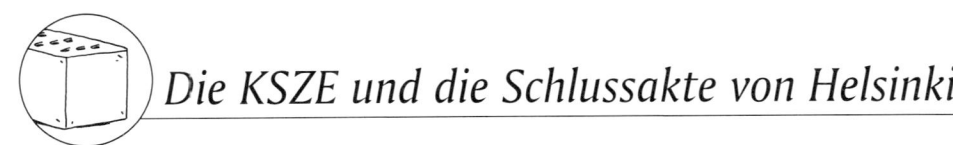

Schlussakte der Konferenz über Sicherheit und Zusammenarbeit in Europa (KSZE) in Helsinki, 1. August 1975 (Auszug):

I. Souveräne Gleichheit, Achtung der der Souveränität innewohnenden Rechte
Die Teilnehmerstaaten werden gegenseitig ihre souveräne Gleichheit und Individualität sowie alle ihrer Souveränität innewohnenden und von ihr umschlossenen Rechte achten, einschließlich insbesondere des Rechtes eines jeden Staates auf rechtliche Gleichheit, auf territoriale Integrität sowie auf Freiheit und politische Unabhängigkeit. Sie werden ebenfalls das Recht jedes anderen Teilnehmerstaates achten, sein politisches, soziales, wirtschaftliches und kulturelles System frei zu wählen und zu entwickeln sowie sein Recht, seine Gesetze und Verordnungen zu bestimmen. [...]

II. Enthaltung von der Androhung oder Anwendung von Gewalt
Die Teilnehmerstaaten werden sich in ihren gegenseitigen Beziehungen sowie in ihren internationalen Beziehungen im allgemeinen der Androhung oder Anwendung von Gewalt, die gegen die territoriale Integrität oder politische Unabhängigkeit irgendeines Staates gerichtet oder auf irgendeine andere Weise mit den Zielen der Vereinten Nationen und mit der vorliegenden Erklärung unvereinbar ist, enthalten. Die Geltendmachung von Erwägungen zur Rechtfertigung eines gegen dieses Prinzip verstoßenden Rückgriffs auf die Androhung oder Anwendung von Gewalt ist unzulässig. [...]

III. Unverletzlichkeit der Grenzen
Die Teilnehmerstaaten betrachten gegenseitig alle ihre Grenzen sowie die Grenzen aller Staaten in Europa als unverletzlich und werden deshalb jetzt und in der Zukunft keinen Anschlag auf diese Grenzen verüben. [...]

V. Friedliche Regelung von Streitfällen
Die Teilnehmerstaaten werden Streitfälle zwischen ihnen mit friedlichen Mitteln auf solche Weise regeln, dass der internationale Frieden und die internationale Sicherheit sowie die Gerechtigkeit nicht gefährdet werden. [...]

VI. Nichteinmischung in innere Angelegenheiten
Die Teilnehmerstaaten werden sich ungeachtet ihrer gegenseitigen Beziehungen jeder direkten oder indirekten, individuellen oder kollektiven Einmischung in die inneren oder äußeren Angelegenheiten enthalten, die in die innerstaatliche Zuständigkeit eines anderen Teilnehmerstaates fallen. [...]

VII. Achtung der Menschenrechte und Grundfreiheiten, einschließlich der Gedanken-, Gewissens-, Religions- oder Überzeugungsfreiheit
Die Teilnehmerstaaten werden die Menschenrechte und Grundfreiheiten einschließlich der Gedanken-, Gewissens-, Religions- oder Überzeugungsfreiheit für alle ohne Unterschied der Rasse, des Geschlechts, der Sprache oder der Religion achten. [...]

 1 Die Schlussakte von Helsinki stellt kein völkerrechtlich verbindliches Abkommen dar, eher eine Art Absichtserklärung. Fasst stichpunktartig zusammen, worauf sich die Teilnehmer der Konferenz einigen konnten.

 2 Erläutert, in welchen Teilen der Schlussakte eher westliche und in welchen Abschnitten vorwiegend sowjetische Interessen angesprochen werden.

 3 Diskutiert die langfristigen Folgen der Übereinkunft von Helsinki.

Joachim Schweizer: Friedens- und Sicherheitspolitik
© Auer Verlag

Die OSZE hat vier beschlussfassende Gremien, die auf verschiedenen politischen Ebenen zusammenkommen: Das letzte Treffen der Staats- und Regierungschefs fand 2010 in Astana statt. Der Ministerrat tagt jährlich in dem Land, das aktuell den Vorsitz innehat. So fand der Ministerrat im Dezember 2016 in Hamburg statt, 2017 tagte er in Österreich. Der Ständige Rat besteht aus den Ständigen Vertretern bei der OSZE und trifft sich wöchentlich. Eine Sonderrolle nimmt das ebenfalls wöchentlich tagende Forum für Sicherheitskooperation mit eigener Beschlusskompetenz in politisch-militärischen Fragen ein.

In den Gremien sind alle 57 Teilnehmerstaaten gleichberechtigt. Der Amtierende Vorsitz (2018: Italien) trägt übergreifende Verantwortung für exekutive Maßnahmen. Unterstützung leisten der vorherige (2017: Österreich) und der folgende Vorsitz (2019: Slowakei), die zusammen mit dem Amtierenden Vorsitz die sogenannte Troika bilden.

Der Generalsekretär der OSZE (seit Juli 2017: Thomas Greminger, Schweiz) unterstützt den Amtierenden Vorsitzenden und leitet das OSZE-Sekretariat. Das Sekretariat zählt rund 320 Mitarbeiter. Der Haushalt der OSZE für 2016 betrug rund 141 Millionen Euro, die aus den Beiträgen der 57 Teilnehmerstaaten stammen.

Erstellt auf Grundlage des Textes eine Strukturskizze des Aufbaus der OSZE und macht hierbei auch den Aspekt der Verschränkung deutlich.

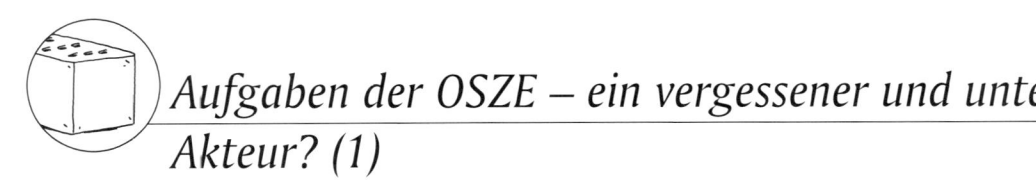

Erdogan attackiert OSZE-Wahlbeobachter

Die Ukraine-Krise ist Streitpunkt beim OSZE-Ministerrat in Hamburg

Papst fordert von OSZE mehr Anstrengungen gegen Menschenhandel

Eine starke OSZE für ein sicheres Europa

Deutscher Außenminister wirbt bei der OSZE
für neue Rüstungskontrollgespräche

OSZE will Beobachtermission in Ukraine ausbauen

OSZE zweifelt an fairem Wahlverlauf in Armenien

OSZE will besseren Schutz für Homosexuelle in Tschetschenien

Anti-Terrorismus-Konferenz der OSZE: geballte internationale Uneinigkeit

OSZE-Kritik: Nein-Lager in der Türkei wird behindert

1 Lest euch die abgedruckten Schlagzeilen durch. Benennt anschließend die verschiedenen Aufgabenbereiche und Kompetenzen der OSZE.

2 Analysiert eine Woche lang die Berichterstattung in eurer regionalen Zeitung: Gibt es Meldungen bzw. Berichte, die mit der OSZE zu tun haben? Haltet eure Ergebnisse stichpunktartig fest.

Tag	Meldung bzw. Bericht	Kurzbeschreibung des Inhalts	Bezug zu Kompetenzen der OSZE
Mo			
Di			
Mi			
Do			
Fr			
Sa			
So			

3 Diskutiert unter Einbeziehung eurer Ergebnisse aus den Aufgaben 1 und 2, ob man die OZSE als „vergessenen und unterschätzten Akteur" bezeichnen kann.

Joachim Schweizer: Friedens- und Sicherheitspolitik
© Auer Verlag

Die stille Diplomatie der OSZE: Mehr internationale Gruppentherapie, bitte!

[…] Eine Bewegung löst oft eine Gegenbewegung aus. Und wenn das auch in der Außenpolitik stimmt, müssten diese schrillen und schnellen Zeiten vor allem nach der OSZE rufen, der Organisation für Sicherheit und Zusammenarbeit in Europa. Überall Konflikte, Autokraten stellen Bündnisse infrage und zerstören Vertrauen, die EU stemmt sich gegen ihren Zerfall – was kann da Sinnvolleres passieren als ein großes Comeback der OSZE? Sie

5 ist ein Beziehungsstärker. Die Gruppentherapie unter den internationalen Organisationen.

Wir können über alles reden. Das ist das angenehme Angebot der OSZE. So ist sie entstanden, als Konferenz für Sicherheit und Zusammenarbeit in Europa, KSZE. 1975 unterzeichneten fast alle europäischen Staaten sowie die USA und Kanada die Schlussakte von Helsinki und verpflichten sich darin zu Prinzipien wie dem Selbstbestimmungsrecht der Völker, der friedlichen Konfliktlösung, der Unverletzlichkeit der Grenzen. Auf dieser Grundlage

10 wurde weiterverhandelt – und mehr Vertrauen aufgebaut. Die KSZE hat sich ihren Platz in den Geschichtsbüchern gesichert mit ihrem Beitrag zur Beendigung des Kalten Krieges. Nach ihrem Wandel zur OSZE 1995 ist sie in der öffentlichen Wahrnehmung zum Reiseveranstalter für Wahlbeobachter geworden. Aber diese scheinbare Schwäche ist auch eine Stärke. Was sie anstößt, aufstellt, unternimmt, knallt nicht als Breaking News herein, hier wirkt die stille Diplomatie.

15 Das geringe öffentliche Interesse macht es den Mitgliedstaaten oft leichter. Einmal wollte Kanada austreten, um sich die Beiträge zu sparen. Es kamen jedoch ein Anruf der Bundesregierung und einer von US-Außenminister Kerry, doch bitte im Klub zu bleiben. Die Anrufe überzeugten, und weil es noch keine mediale Berichterstattung gab, konnte Kanadas Regierung gesichtsverlustfrei von ihrem Vorhaben zurücktreten.

Die OSZE braucht keine Schutzmacht. Aber Länder, die sich für sie einsetzen. Gutgetan hat ihr auf jeden Fall,

20 dass der damalige Außenminister Frank-Walter Steinmeier im vergangenen Jahr als Amtierender Vorsitzender der OSZE viel Aufmerksamkeit geschenkt hat. Dabei wollten seine Mitarbeiter das anders, die OSZE koste den Minister zu viel Zeit.

Dank Deutschlands Engagement bekam die OSZE auch das Mandat, im Bürgerkrieg in der Ukraine zu vermitteln. Das hat sie sicher besser geschafft, als es anderen gelungen wäre. Die OSZE hielt und hält die Gespräche zwi-

25 schen Russland und der Ukraine am Laufen und hilft, die Ergebnisse in der Ostukraine umzusetzen. Das ist schon eine Menge für eine Organisation, die gerade einmal über ein Jahresbudget von gut 140 Millionen Euro verfügt. Vertrauens- und sicherheitsbildende Maßnahmen, Rüstungskontrolle, zivilgesellschaftlicher Dialog sind ihre Kernkompetenzen. Was sie vielleicht am besten kann, beschreibt ein englischer Begriff besonders gut: „Convening Power", die Kraft, alle zu versammeln. Sie ist die einzige politische Organisation, der alle Länder Europas

30 angehören.

Es kann kein Zufall sein, dass ihre Generalsekretäre ranghohe Diplomaten sind und nicht wie bei der NATO ehemalige Regierungschefs oder Außenminister. Diplomaten wissen besonders gut, wie viel Anstrengung es kostet, die Scherben wieder zusammenzufügen, wenn bei Konflikten etwas zu Bruch gegangen ist.

Im Vergleich zur NATO hat die OSZE ohnehin etwas sehr Organisches. Wolfgang Zellner, der Kodirektor des Instituts

35 für Friedensforschung und Sicherheitspolitik an der Uni Hamburg nennt die OSZE „die flexibelste und informellste Organisation, die wir haben". Wenn er an der Führungsakademie der Bundeswehr über die OSZE spreche, würden zwei Drittel ihren Wert sofort verstehen. Diejenigen, denen es ums Operative gehe, würden hingegen fragen, was sie denn mit diesem Ding anfangen sollen. Aber: „Hart ist in der Politik nicht nur das, was schießt", sagt Zellner.

So wie bedeutende Zeitungen in den USA gerade Fake News und alternative Fakten zum Anlass nehmen, ihre

40 Rechercheteams zu vergrößern, so müsste die Politik gerade in die Diplomatie investieren. Es gibt einfach zu viel zu tun. In der Ukraine müsste die OSZE neben dem Waffenstillstand auch Rüstungskontrolle aushandeln und durchsetzen helfen. In anderen Regionen, die auf den ersten Blick friedlich erscheinen, rumort es unter der Oberfläche, etwa auf dem Balkan. Putin hat mit seiner Politik europäische Gewissheiten angegriffen, Erdogan verunsichert mit seinem Machtanspruch ebenfalls. Da ist viel aufzubauen, es gibt viel zu klären, und das Gute an der

45 OSZE ist auch, dass man das erst einmal ganz offen tun kann. Die OSZE ist der zur Institution gewordene Versuch, der es immer wert ist.

 4 Erarbeitet die wichtigsten Aussagen des Textes.

 5 Ergänzt mithilfe des Textes weitere Kompetenzen und Aufgaben der OSZE.

 6 Erläutert den Satz: „Hart ist in der Politik nicht nur das, was schießt." (Z. 38)

 7 Diskutiert unter Berücksichtigung aktueller politischer Ereignisse noch einmal, ob man die OSZE als „vergessenen und unterschätzten Akteur" bezeichnen kann.

Didaktisch-methodische Hinweise

Im diesem Kapitel werden einerseits Aufbau und Zielsetzungen der Vereinten Nationen beleuchtet, andererseits soll aber auch überprüft werden, inwiefern die UNO noch in der Lage ist, Frieden und Sicherheit in der Welt zu garantieren.

Unterrichtseinheit 12:

 Sachkompetenz, Deutungskompetenz, Wahrnehmungskompetenz, Kommunikationskompetenz

Zunächst setzen sich die Schüler – angeleitet durch das Arbeitsblatt **„Die Ziele der Vereinten Nationen"** (S. 46) – in Partnerarbeit mit der Intention der UNO auseinander, indem sie Art. 1 der Charta lesen und die vorliegenden Lücken möglichst passend ausfüllen. Bevor die Schülerlösungen mit dem Original verglichen werden, tauschen sie sich in der Gruppe über die Lücken und damit die zentralen Inhalte von Art. 1 aus. Abschließend reflektieren und festigen sie das Gelernte, indem sie eine knappe WhatsApp®-Nachricht verfassen.

Unterrichtseinheit 13:

 Sachkompetenz, Deutungskompetenz, Wahrnehmungskompetenz, Urteilskompetenz, Kommunikationskompetenz

Das Arbeitsblatt **„Die Generalversammlung"** (S. 47) führt den Schülern Zusammensetzung, Kompetenzen und Beispiele für Aufgaben des „Parlaments" der Vereinten Nationen vor Augen. Zugleich wird ihnen deutlich, dass diese keineswegs mit einem Parlament in einem demokratisch regierten Nationalstaat gleichgesetzt werden darf. Abschließend setzen sich die Schüler mit den Befugnissen des Generalsekretärs auseinander und ermitteln die bisherigen Amtsinhaber.

Durch die Bearbeitung des doppelseitigen Arbeitsblattes **„Garant für den globalen Frieden? – der Sicherheitsrat der Vereinten Nationen"** (S. 48f.) verstehen die Schüler einerseits, dass der Sicherheitsrat das zentrale und mächtigste Organ innerhalb der UNO ist, erkennen andererseits aber auch, dass hierin Probleme begründet sind, sodass eine Reform der Vereinten Nationen – insbesondere des Sicherheitsrats – notwendig erscheint. Zunächst erarbeiten sich die Schüler anhand eines Rätsels, wie sich die Gruppe der fünf ständigen Mitglieder zusammensetzt. Im Anschluss ermitteln sie die aktuellen zehn nichtständigen Mitglieder und fixieren ihre Ergebnisse in der vorliegenden Tabelle. Im Anschluss an ein Unterrichtsgespräch erkennen die Schüler die Problematik des Vetorechts und der Zusammensetzung der fünf ständigen Mitglieder als Anachronismus und leiten hieraus ab, dass durchaus von einer „Zwei-Klassengesellschaft" im Sicherheitsrat gesprochen werden kann, was die Handlungsfähigkeit der UNO stark beeinträchtigt. Diese Problematik wird vertieft, indem sich die Schüler mit dem Text beschäftigen und die Position des Autors erläutern und überprüfen.

Nachdem die Schüler erkannt haben, dass dadurch auch die Fähigkeit der Vereinten Nationen, für Frieden und Sicherheit in der Welt zu sorgen, eingeschränkt ist, entwickeln sie mithilfe des Arbeitsblattes **„Den Sicherheitsrat den globalen Herausforderungen anpassen?"** (S. 50) in Gruppenarbeit begründete Vorschläge, wie eine Reform des Sicherheitsrats generell aussehen könnte. Die Ergebnisse werden im Unterrichtsgespräch aufgenommen und auf ihre Durchführbarkeit hin überprüft. Schließlich setzen sich die Schüler differenziert mit einer zentralen Zielsetzung der deutschen Außenpolitik auseinander, nämlich dem Streben der Bundesrepublik Deutschland nach einem ständigen Sitz im Sicherheitsrat. Die Schüler erkennen, dass dies Vor- und Nachteile für die Bundesrepublik Deutschland beinhalten würde.

Joachim Schweizer: Friedens- und Sicherheitspolitik
© Auer Verlag

Die UNO – eine „Weltfriedensagentur"?

Ein Austausch der verschiedenen Argumente kann über eine Fishbowl-Diskussion erfolgen. In einem Innenkreis diskutieren je zwei Schüler, die kontroverse Positionen vertreten. Der Außenkreis, welcher in Zuhörerfunktion die Diskussion verfolgt, kann an passender Stelle von einem Moderator einbezogen werden. Natürlich kann auch eine „Ablösung" eines oder mehrerer Schüler im Innenkreis durch bisherige Zuschauer durchgeführt werden, um nach einer gewissen Zeit neue Argumente zu beleuchten.

Unterrichtseinheit 14:

Ⓚ Sachkompetenz, Deutungskompetenz, Wahrnehmungskompetenz, Urteilskompetenz, Kommunikationskompetenz

Die folgende Unterrichtseinheit nimmt verschiedene Konzeptionen der Vereinten Nationen für den Erhalt und die Sicherung des Friedens in den Blick. Begonnen wird mit dem Arbeitsblatt **„Agenda für den Frieden" (S. 51)**, welches das vom ehemaligen UN-Generalsekretär Boutros Boutros-Ghali vorgelegte Programm thematisiert.

Mittels des doppelseitigen Arbeitsblattes **„MDGs – die Millenniumsziele" (S. 52f.)** erkennen die Schüler, dass sich die UNO auch auf dem Gebiet der Entwicklungshilfe engagiert, um Krisen und Konflikte bereits präventiv zu bekämpfen. Zunächst lernen die Schüler die acht Millenniumsziele kennen, indem sie die Begriffe aus dem Wortspeicher passend einsetzen. Inwieweit die verschiedenen Ziele auch tatsächlich umgesetzt wurden, recherchieren die Schüler in Form einer arbeitsteiligen Gruppenarbeit. Die acht Entwicklungsziele werden hierfür in der Klasse verteilt, eine Bearbeitung des Arbeitsauftrags kann auch als Hausaufgabe aufgegeben werden. In der Folgestunde informieren einzelne Schüler dann in einem Kurzvortrag unter Einbeziehung ihrer Folie am OHP über das Erreichen bzw. Nichterreichen des jeweiligen Zieles, worauf sich ggf. im Plenum eine Diskussion und die Sicherung der Arbeitsergebnisse anschließt.

Mit dem Arbeitsblatt **„SDGs – die Ziele für nachhaltige Entwicklung" (S. 54)** wird der Begriff „Nachhaltigkeit" in den Mittelpunkt gerückt. Die SDGs sollen die MDGs weiterführen und setzen an der Zielsetzung des positiven Friedens im Sinne Johan Galtungs (s. S. 12) an. Nachdem die Schüler dies erkannt haben, sollen sie kreativ und möglichst produktionsorientiert in Gruppenarbeit tätig werden, indem sie Möglichkeiten entwickeln, wie sowohl die Politik als auch sie selbst zum Erreichen einzelner SDGs beitragen können.

Abschließend befassen sich die Schüler durch die Bearbeitung des Arbeitsblatts **„Responsibility to Protect (R2P)" (S. 55)** mit dem Konzept der internationalen Schutzverantwortung. Immer vor dem Hintergrund konkreter Konflikte sollen die Schüler hier diskutieren, welche Chancen und Probleme sich aus R2P für die Vereinten Nationen ergeben.

Die Ziele der Vereinten Nationen

1 Vervollständigt in Partnerarbeit die Lücken in folgendem Text mit Wörtern bzw. Wortgruppen, die euch passend und sinnvoll erscheinen.

> ## Die Charta der Vereinten Nationen, Artikel 1
>
> Die Vereinten Nationen setzen sich folgende Ziele:
>
> 1. den _____ und die internationale Sicherheit zu wahren und zu diesem Zweck wirksame _____ zu treffen, um Bedrohungen des Friedens zu _____ und zu beseitigen, _____ und andere Friedensbrüche zu unterdrücken und internationale _____ oder Situationen, die zu einem Friedensbruch führen könnten, durch friedliche Mittel nach den Grundsätzen der _____ und des Völkerrechts zu bereinigen oder beizulegen;
>
> 2. _____, auf der Achtung vor dem Grundsatz der Gleichberechtigung und _____ beruhende Beziehungen zwischen den Nationen zu entwickeln und andere geeignete Maßnahmen zur _____ des Weltfriedens zu treffen;
>
> 3. eine _____ herbeizuführen, um internationale Probleme _____, sozialer, kultureller und humanitärer Art zu lösen und die Achtung vor den _____ und Grundfreiheiten für alle ohne Unterschied der Rasse, des Geschlechts, der Sprache oder der _____ zu fördern und zu festigen;
>
> 4. ein _____ zu sein, in dem die Bemühungen der Nationen zur Verwirklichung dieser gemeinsamen Ziele aufeinander abgestimmt werden.

2 Bildet Gruppen und stellt euch eure Ergänzungen gegenseitig vor.

3 Vergleicht eure Texte mit dem Original: http://www.unric.org/de/charta.

4 Erklärt eurem besten Freund/eurer besten Freundin die Zielsetzung der Vereinten Nationen in eigenen, einfachen Worten als WhatsApp®-Nachricht.

Joachim Schweizer: Friedens- und Sicherheitspolitik
© Auer Verlag

Die Generalversammlung

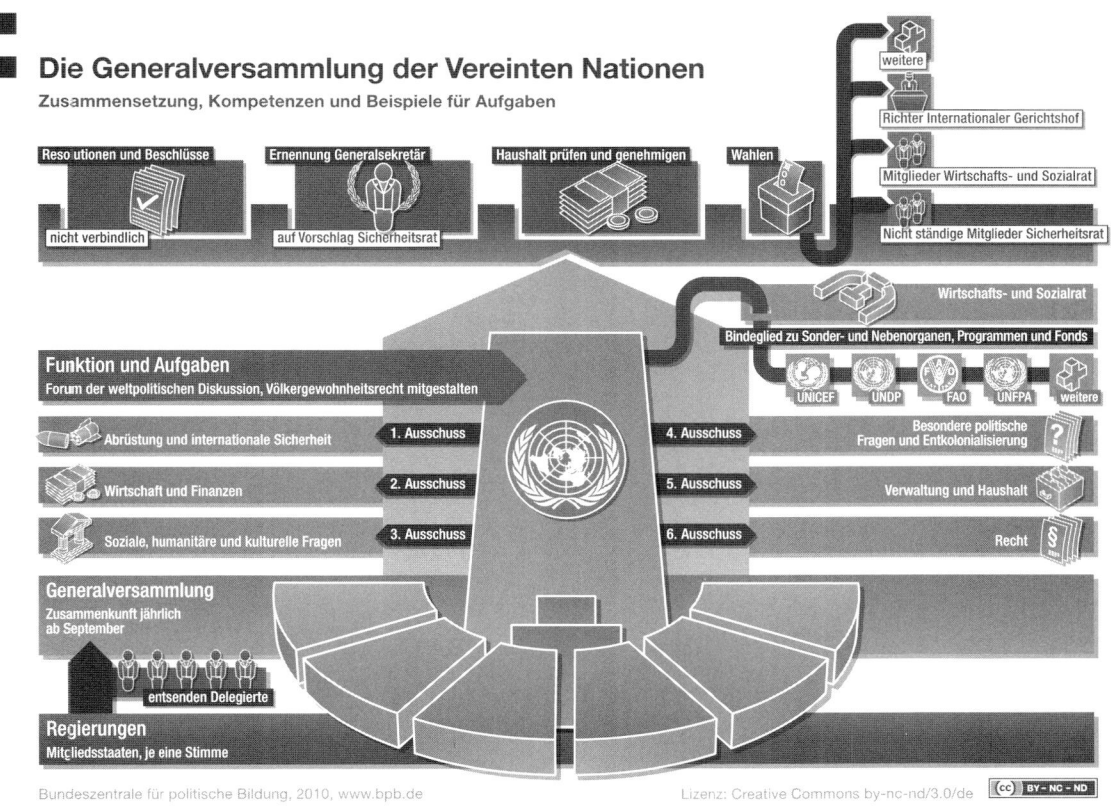

Die Generalversammlung der Vereinten Nationen
Zusammensetzung, Kompetenzen und Beispiele für Aufgaben

Resolutionen und Beschlüsse — nicht verbindlich

Ernennung Generalsekretär — auf Vorschlag Sicherheitsrat

Haushalt prüfen und genehmigen

Wahlen
- weitere
- Richter Internationaler Gerichtshof
- Mitglieder Wirtschafts- und Sozialrat
- Nicht ständige Mitglieder Sicherheitsrat

Wirtschafts- und Sozialrat

Bindeglied zu Sonder- und Nebenorganen, Programmen und Fonds
UNICEF · UNDP · FAO · UNFPA · weitere

Funktion und Aufgaben
Forum der weltpolitischen Diskussion, Völkergewohnheitsrecht mitgestalten

Abrüstung und internationale Sicherheit	1. Ausschuss	4. Ausschuss	Besondere politische Fragen und Entkolonialisierung
Wirtschaft und Finanzen	2. Ausschuss	5. Ausschuss	Verwaltung und Haushalt
Soziale, humanitäre und kulturelle Fragen	3. Ausschuss	6. Ausschuss	Recht

Generalversammlung
Zusammenkunft jährlich ab September

entsenden Delegierte

Regierungen
Mitgliedsstaaten, je eine Stimme

1 Analysiert und interpretiert das Schaubild.

2 Diskutiert, inwieweit die Generalversammlung Kompetenzen und Aufgaben eines Parlaments in einem demokratisch regierten Nationalstaat innehat.

3 Der Generalsekretär der Vereinten Nationen wird auf Vorschlag des Sicherheitsrates von der Generalversammlung für fünf Jahre gewählt und darf einmal wieder gewählt werden. Recherchiert, welche Aufgaben ihm zukommen, und ermittelt die bisherigen Generalsekretäre.

Joachim Schweizer: Friedens- und Sicherheitspolitik
© Auer Verlag

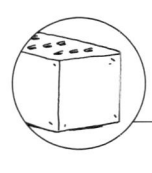

Garant für den globalen Frieden? – der Sicherheitsrat der Vereinten Nationen (1)

Der Sicherheitsrat ist das wichtigste Gremium innerhalb der Vereinten Nationen. Er soll die Wahrung des Weltfriedens und internationale Sicherheit garantieren. Er besteht aus fünf ständigen und zehn nichtständigen Mitgliedern, die von der Generalversammlung der Vereinten Nationen für zwei Jahre gewählt werden. Der Sicherheitsrat beschließt und entscheidet darüber, ob eine Bedrohung des Weltfriedens vorliegt. Er verfügt dann über verschiedene Mittel und Möglichkeiten, die von Wirtschaftssanktionen bis zu Waffengewalt reichen, um den Weltfrieden wiederherzustellen. Fällt der Sicherheitsrat einen Beschluss (Resolution), sind die Mitglieder der Vereinten Nationen verpflichtet, diesen umzusetzen.

 1 Findet die fünf ständigen und die aktuellen zehn nichtständigen Mitglieder des Sicherheitsrates heraus. Löst dazu die folgenden Rätsel.

Tipp: Die Ziffern stehen für den entsprechenden Buchstaben des Alphabets.
Recherchiert anschließend im Internet, wer aktuell die zehn nichtständigen Mitglieder des Sicherheitsrates sind und notiert eure Lösung.

Die fünf ständigen Mitglieder des Sicherheitsrates mit Vetorecht:

18 – 21 – 19 – 19 – 12 – 1 – 14 – 4	
3 – 8 – 9 – 14 – 1	
21 – 19 – 1	
6 – 18 – 1 – 14 – 11 – 18 – 5 – 9 – 3 – 8	
7 – 18 – 15 – 19 – 19 – 2 – 18 – 9 – 20 – 1 – 14 – 14 – 9 – 5 – 14	

Die aktuellen zehn nichtständigen Mitglieder des Sicherheitsrates:

Um **Beschlüsse** fassen zu können, sind mindestens neun der 15 Stimmen erforderlich. Zudem besitzen die fünf ständigen Mitglieder ein Vetorecht. So können sie durch ihren Einspruch Beschlüsse aufschieben oder ganz blockieren.

 2 Überlegt, welche Probleme durch die Zusammensetzung des Sicherheitsrates auftreten können.

3 Erläutert, weshalb man von einer „Zwei-Klassengesellschaft" innerhalb des Sicherheitsrates sprechen kann.

Joachim Schweizer: Friedens- und Sicherheitspolitik
© Auer Verlag

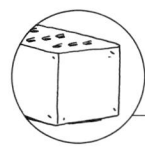

Im Hamsterrad zum Weltfrieden

[…] Da sitzen sie, die Vertreter von 15 Staaten, und alles ist so spartanisch wie eh und je. Jeder hat eine Schreibunterlage, ein Zettelkästchen und zwei Bleistifte vor sich, dazu das Mikro und den Kopfhörer. […] An einem Platz liegt zusätzlich ein hölzernes Hämmerchen. Wer da sitzen darf, ist einen Monat lang der Vorsitzende im Club, und wenn er einen Beschluss zu verkünden hat, dann haut er zur Bekräftigung mit
5 dem Hämmerchen auf einen flachen Teller aus Holz. Manche hauen zu fest, man erkennt daran den Anfänger. […]

Im Sicherheitsrat zu sein, das ist ein bisschen wie zwischen rivalisierenden Straßengangs. Auf der einen Seite sind die Big Boys mit den dicken Knüppeln. Die sind in der Straße seit langem zu Hause, sie betrachten sie als ihr ureigenes Territorium, das es zu verteidigen gilt, und zwar mit allen Mitteln. Auf der
10 anderen Seite sind die Zugereisten, die nicht lange bleiben werden und gerade deshalb darauf drängen, sich mit Mutproben hervorzutun. Sie sind zahlenmäßig stärker, aber sie haben keine Knüppel, kennen das Revier nicht, und eine Einheit müssen sie erst noch werden.

Im Sicherheitsrat heißen die Big Boys P 5 (P für permanent), es sind die fünf ständigen Mitglieder, die von Anfang an dabei sind. Ihr Knüppel ist das Vetorecht. Die P 5 halten sich für die Eigentümer des Si-
15 cherheitsrats, was sie die zehn nichtständigen Mitglieder auch spüren lassen. Das sind die E 10 (E für elected, gewählt), von den P 5 geringschätzig „Touristen" genannt. Manchmal freilich sind sich die P 5 selber nicht einig, das ist dann die große Chance der anderen. […]

Oft kommen Konflikte im Sicherheitsrat gar nicht richtig zur Sprache, weil einer der P 5 schützend seine Hand über den Delinquenten hält. Die USA tun das für Israel, die Chinesen für Simbabwe, Birma, Paki-
20 stan. Geraten im Bürgerkrieg Sri Lankas Hunderttausende Zivilisten zwischen die Fronten, sagen die Chinesen, nein, das behandeln wir nicht, das ist eine Einmischung in innere Angelegenheiten. In einem solchen Fall kommt es zum „informal interactive dialogue", was bedeutet, dass die Sache trotzdem besprochen wird, aber so, dass die Chinesen ihr Gesicht wahren und hinterher sagen können, offiziell sei sie nicht besprochen worden. […] Die angebliche „innere Angelegenheit" ist das beliebteste Totschlag-
25 argument im Rat. […]

Aber selbst wenn Einigkeit herrscht im Rat und die Entsendung einer Blauhelmtruppe beschlossen wird, ist das beileibe kein Mittel zur schnellen Eindämmung von Konflikten.

Erst müssen die Truppen gefunden und rekrutiert werden […]. Hinzu kommt, dass die Mandatstexte für solche Missionen immer länger und umfangreicher werden, weil da die nichtständigen Mitglieder eine
30 Möglichkeit sehen, Spuren zu hinterlassen. […] Den Regierungen daheim mag es ein willkommener Leistungsnachweis sein, die ohnehin kaum verdauliche UN-Prosa aber wird durch die vielen Zusätze nur noch schwerer. Und dem Blauhelm-Kommandeur vor Ort machen sie die Entscheidungen nicht leichter. […]

Aber am Ende wird es sowieso nicht darum gehen, mit einem Thema zu glänzen, als vielmehr bereit zu
35 sein für sehr viel Arbeit. Der Rat ist weniger die große Bühne als vielmehr das ewige Hamsterrad. Die Vielzahl von Konflikten und gescheiterten Staaten lässt es kaum noch zur Ruhe kommen. Es gab Zeiten, da tagte der Sicherheitsrat alle paar Wochen, heute sind fast jeden Tag Sitzungen, Sonntage und hohe Feiertage nicht ausgeschlossen. […] Der Sicherheitsrat hat 25 Unterausschüsse, die von allen 15 Mitgliedern zu beschicken sind. Wer sie jeweils leiten darf, entscheiden die P 5 in eigener Machtvollkom-
40 menheit. […] Was bevorsteht, sind endlose Sitzungen, schwierigste Konsultationen, und wer dann irgendwann noch unterscheiden kann zwischen der realen und der virtuellen Welt, der fragt sich vielleicht, wie es sein kann, dass erwachsene Menschen stundenlang um ein Wort oder einen Halbsatz feilschen. Die Neuen werden die ungeschriebenen Regeln des Rates lernen müssen, die prozeduralen Tricks, und wenn sie fit genug sind, um mitzurennen im Hamsterrad, ist die zweijährige Amtszeit schon fast wieder
45 vorbei. Der Weltfrieden wird dann nicht ausgebrochen sein, im Gegenteil: Die Welt wird wohl um den einen oder anderen schmutzigen Konflikt reicher sein, und der Sicherheitsrat wird nichts daran geändert haben. Oder nur wenig. […]

4 Ermittelt und erläutert die Position des Autors in der vorliegenden Textquelle.

5 Stellt die zentralen Argumente zusammen, die belegen, dass es gerechtfertigt ist, von einer „Zwei-Klassengesellschaft" innerhalb des Sicherheitsrates zu sprechen.

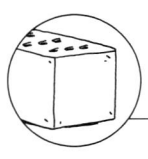

Den Sicherheitsrat den globalen Herausforderungen anpassen?

Ein Großteil der Mitglieder der Vereinten Nationen ist sich darüber einig, dass der Sicherheitsrat reformbedürftig ist. Über die Art und Weise, wie diese Veränderung des wichtigsten UN-Gremiums erfolgen soll, herrscht jedoch Uneinigkeit.

 1 Bewertet die Fähigkeit der Vereinten Nationen, für Sicherheit und Frieden in der Welt zu sorgen.

2 Macht euch in der Gruppe Gedanken und entwickelt zwei begründete Vorschläge, wie eine Reform des Sicherheitsrates aussehen könnte.

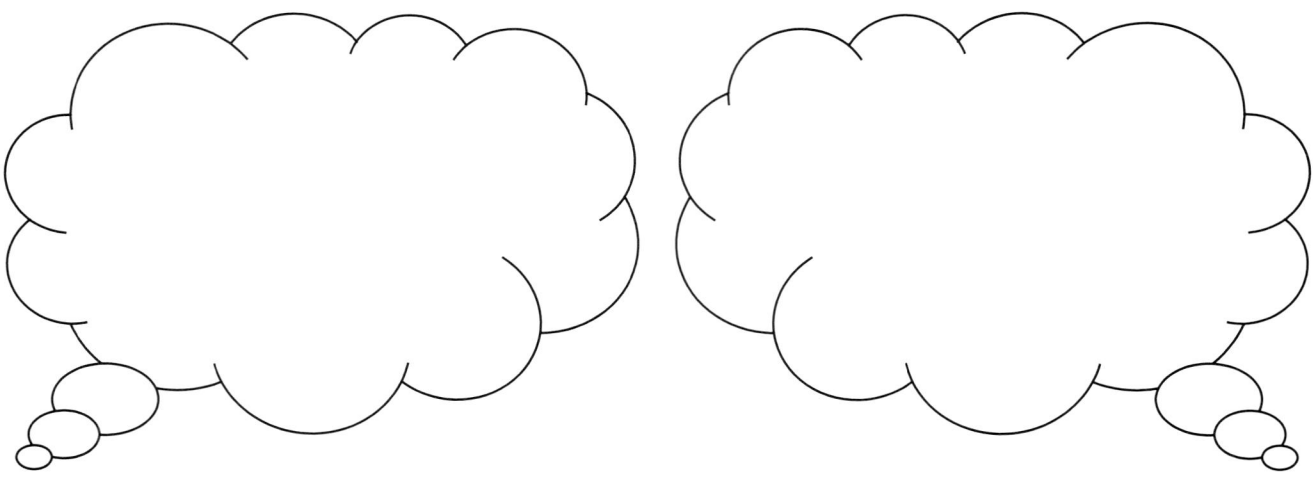

 3 Es ist erklärtes Ziel der Bundesrepublik Deutschland, mehr Verantwortung in den Vereinten Nationen zu übernehmen. Deshalb bemüht sich die deutsche Bundesregierung darum, ständiges Mitglied im Sicherheitsrat zu werden. Diskutiert, ob die Bundesrepublik einen ständigen Sitz erhalten sollte und notiert eure Argumente in Stichpunkten.

PRO	KONTRA

Die im Jahr 1992 von UN-Generalsekretär Boutros Boutros-Ghali vorgelegte „Agenda für den Frieden" beinhaltet verschiedene Konzeptionen der Vereinten Nationen für den Erhalt und die Sicherung des Friedens:

Vorbeugende Diplomatie (preventive diplomacy), hierunter fällt der Einsatz diplomatischer Mittel mit dem Ziel, das Entstehen von Streitigkeiten zwischen einzelnen Parteien zu verhüten, die Eskalation bestehender Streitigkeiten zu Konflikten zu verhindern und – sofern es doch zu Konflikten kommen sollte – diese einzugrenzen.

5 Vorbeugende Einsätze (preventive deployments) sind präventive Truppeneinsätze, um den Ausbruch eines Konfliktes im Vorfeld zu verhindern. Bei einer innerstaatlichen Krise kann ein vorbeugender Einsatz auf Antrag bzw. mit Zustimmung der Regierung oder aller Konfliktparteien erfolgen. […]

Friedensschaffung (peace making) ist der Prozess bis zum Abschluss eines Friedensvertrags oder Waffenstillstands und bezeichnet Aktivitäten mit dem Ziel, feindliche Parteien zu einer Einigung zu bringen, 10 im Wesentlichen durch solche friedlichen Mittel, wie sie in Kapitel VI der VN-Charta vorgesehen sind.

Friedenssicherung (peacekeeping) bezeichnet die Errichtung einer personellen Präsenz der Vereinten Nationen vor Ort mit Zustimmung der wesentlichen Konfliktbeteiligten durch Einsatz von Soldaten, Polizisten und weiterem zivilem Personal zur Überwachung und Durchführung von Waffenstillstands- und Friedensvereinbarungen. […]

15 Friedensdurchsetzung (peace enforcement) beinhaltet Zwangsmaßnahmen, unter Einschluss bewaffneter Kräfte, um den internationalen Frieden und die Sicherheit mit Autorisierung des VN-Sicherheitsrates wiederherzustellen. Der Sicherheitsrat muss hierfür gemäß Kapitel VII die Gefährdung oder den Bruch des internationalen Friedens und der Sicherheit oder eine Aggression festgestellt haben. Die Zwangsmaßnahmen müssen nicht durch Truppen unter VN-Kommando erfolgen, der Sicherheitsrat kann vielmehr auch andere Akteure, insbesondere Regionalorganisationen damit beauftragen. […]

Friedenskonsolidierung (peacebuilding) bezieht sich in der engeren Definition der „Agenda für den Frieden" und in Abgrenzung zu den anderen o. g. Begriffen ausschließlich auf die Phase nach Beendigung eines Konfliktes und die Wiederherstellung bzw. Förderung staatlicher Strukturen, die geeignet sind, den Frieden zu festigen und dauerhaft zu konsolidieren (post-conflict peacebuilding). Hierzu gehören u. a. die 25 Demobilisierung von (Ex)-Kombattanten, ihre Entwaffnung und Rehabilitierung durch Wiedereingliederung in die Zivilgesellschaft, die Reform des Sicherheitssektors sowie der Aufbau von Verwaltung und Justiz nach rechtsstaatlichen Prinzipien.

1 Erklärt die Instrumente der „Agenda für den Frieden" mit eigenen Worten.

_____

_____

_____

_____

_____

2 Recherchiert konkrete Beispiele für die genannten Maßnahmen der UNO.

Im Jahr 2000 haben sich alle Mitgliedstaaten der Vereinten Nationen auf acht Entwicklungsziele – die Millennium Development Goals, kurz MDGs – zum Zweck der Friedenserhaltung, der Armutsbekämpfung und des Umweltschutzes geeinigt. Bis zum Jahr 2015 sollten diese Ziele erreicht sein.

1 Setzt die Begriffe aus dem Wortspeicher in die Lücken ein.

> Jungen – Mädchen – Müttern – Malaria (2x) – Gleichstellung – zwei Drittel – globalen – Slumbewohnern – Nachhaltigkeit – Handels- und Finanzsystem – US-Dollar

MDG 1: Beseitigung der extremen Armut und des Hungers

Die Zahl der Menschen, die von weniger als einem _____ pro Tag leben, soll halbiert werden. Der Anteil der Menschen, die unter Hunger leiden, soll ebenso um die Hälfte gesenkt werden.

MDG 2: Gewährleistung von Grundschulbildung für alle Kinder

Alle _____ und _____ weltweit sollen eine vollständige Grundschulausbildung erhalten.

MDG 3: Förderung der _____ der Geschlechter und Stärkung der Rolle der Frauen

Das Geschlechtergefälle soll in der Grund- und Sekundarschulausbildung bis zum Jahr 2005 und auf allen Bildungsebenen bis 2015 beseitigt werden.

MDG 4: Senkung der Kindersterblichkeit

Die Sterblichkeit von Kindern unter fünf Jahren soll um _____ gesenkt werden.

MDG 5: Verbesserung der Gesundheit und der Gesundheitsversorgung von _____

Die Müttersterblichkeitsrate soll um drei Viertel gesenkt werden.

MDG 6: Bekämpfung von HIV/AIDS, _____ und anderen schweren Krankheiten

Die Ausbreitung von HIV/AIDS soll zum Stillstand gebracht und allmählich umgekehrt werden. Der Ausbruch von _____ und anderer schwerer Krankheiten soll unterbunden und ihr Auftreten zum Rückzug gezwungen werden.

MDG 7: Sicherung der ökologischen _____

Die Grundsätze nachhaltiger Entwicklung sollen in der nationalen Politik übernommen und umgesetzt werden. Bis 2015 soll die Zahl der Menschen, die keinen Zugang zu gesundem Trinkwasser besitzen, um die Hälfte gesenkt werden. Bis 2020 sollen sich die Lebensbedingungen von ca. 100 Millionen _____ spürbar verbessern.

MDG 8: Aufbau einer _____ Entwicklungspartnerschaft

Ein offenes _____, das auf festen Regeln beruht, vorhersehbar ist und nicht diskriminierend wirkt, soll ausgebaut werden. Dies schließt die Verpflichtung zu guter Regierungsführung mit ein, wobei die Bedürfnisse der am wenigsten entwickelten Länder in besonderem Maße berücksichtigt werden sollen.

Joachim Schweizer: Friedens- und Sicherheitspolitik
© Auer Verlag

2 Recherchiert im Internet, inwieweit das euch zugewiesene Millenniumsziel der Vereinten Nationen erreicht und umgesetzt wurde. Tragt eure Ergebnisse knapp auf dem Arbeitsblatt bzw. dem Folienstreifen ein.

Tipp: Die Internetseite des Bundesministeriums für wirtschaftliche Zusammenarbeit und Entwicklung ist eine gute Anlaufstelle für die Recherche.

Gruppe 1 – MDG: Beseitigung der extremen Armut und des Hungers

---

Gruppe 2 – MDG: Gewährleistung von Grundschulbildung für alle Kinder

---

Gruppe 3 – MDG: Förderung der _____ **der Geschlechter und Stärkung der Rolle der Frauen**

Gruppe 4 – MDG: Senkung der Kindersterblichkeit

Gruppe 5 – MDG: Verbesserung der Gesundheit und der Gesundheitsversorgung von _____

Gruppe 6 – MDG: Bekämpfung von HIV / AIDS, _____ **und anderen schweren Krankheiten**

Gruppe 7 – MDG: Sicherung der ökologischen _____

Gruppe 8 – MDG: Aufbau einer _____ **Entwicklungspartnerschaft**

---

3 Bereitet einen Kurzvortrag vor, in welchem ihr die Klasse über das Erreichen bzw. Nichterreichen des Millenniumsziels informiert. Achtet hierbei auf einen weitgehend freien Vortrag. Verwendet dazu selbst erstellte Moderationskarten.

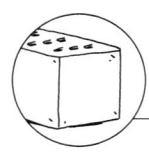 SDGs – die Ziele für nachhaltige Entwicklung

Auf dem Weltgipfel für nachhaltige Entwicklung am 25. September 2015 wurden in New York City die 17 Ziele für nachhaltige Entwicklung von der Generalversammlung der Vereinten Nationen verabschiedet. Sie lauten wie folgt:

1 Erläutert, inwiefern sich in den SDGs der Begriff des positiven Friedens nach Johan Galtung wiederfindet.

_____

_____

_____

_____

_____

_____

_____

_____

_____

2 Erklärt vor dem Hintergrund der SDGs den Begriff „Nachhaltigkeit".

_____

_____

_____

_____

_____

_____

_____

_____

_____

3 Wählt eines der aufgeführten SDGs aus und entwerft für das Bundesministerium für wirtschaftliche Zusammenarbeit und Entwicklung konkrete Eckpunkte für die Umsetzung des Zieles.

4 Erläutert, wie ihr selbst zum Erreichen von mindestens fünf SDGs beitragen könnt.

Joachim Schweizer: Friedens- und Sicherheitspolitik
© Auer Verlag

Schutzverantwortung für die Bevölkerung

Mehr als 10 000 Menschen [Anm.: Stand April 2012] sollen seit Beginn des Aufstands [in Syrien] getötet worden sein. Wie in Libyen klammert sich auch in Syrien der Diktator mit äußerster Brutalität an die Macht. Er schickt Militär in die Städte, um auf die Bevölkerung zu schießen. Doch einen Unterschied gibt es: Während in Syrien das Morden unvermindert weitergeht, intervenierte in Libyen die westliche Welt
5 und setzte dem Blutvergießen ein Ende. Das Stichwort für die damalige militärische Intervention hieß „Responsibility to Protect", amerikanisch kurz: R2P.

Das Prinzip der Schutzverantwortung ist ein völkerrechtliches Konzept mit zwei Stufen. Das Fundament bildet die Überlegung, dass Mitgliedstaaten qua ihrer Souveränität nicht nur Rechte, sondern auch Pflichten haben. So trägt jeder Staat die Verantwortung dafür, seine Bevölkerung gegen Völkermord,
10 Kriegsverbrechen und Verbrechen gegen die Menschlichkeit und ethnische Säuberungen zu schützen. Kann oder will eine Staatsführung dem nicht nachkommen, greift die nächste Stufe. Dann fällt die Schutzverantwortung subsidiär der internationalen Staatengemeinschaft, sprich den Vereinten Nationen zu.

Die Schutzverantwortung stellt einen tiefen Eingriff in die internationale Ordnung dar. Denn eigentlich fußt das Völkerrecht auf zwei Säulen: dem Prinzip der souveränen Gleichheit aller Staaten sowie dem
15 Interventions- und Gewaltverbot. Gemäß diesen beiden Normen – festgeschrieben in Artikel II der UN-Charta – ist es Staaten untersagt, in die inneren Angelegenheiten anderer Staaten einzugreifen. [...] Das Ablehnen einer Einmischung von außen hatte in der Vergangenheit grausame Folgen: Vor allem der Völkermord in Ruanda 1994 und das Massaker von Srebrenica im ehemaligen Jugoslawien 1995 wurden zu Mahnmalen für die Ohnmacht der Völkergemeinschaft. Der Völkermord in Ruanda führte der
20 Welt auf tragische Weise vor Augen, dass die Grundsätze der UN-Friedensmissionen – Eingreifen nur, wenn die Konfliktparteien dem zustimmen; Neutralität gegenüber den Konfliktparteien; Einsatz militärischer Mittel nur zum Zweck der Selbstverteidigung – nicht ausreichten, um einen Völkermord zu verhindern. Ein moralisch-imperatives „Nie wieder" war die Folge. [...]

Dabei wird das Konzept [der internationalen Schutzverantwortung] in eine Präventions-, eine Reaktions-
25 und eine Wiederaufbaukomponente untergliedert. Die Präventionskomponente zielt auf die Vermeidung von schweren Menschenrechtsverletzungen. Möglichkeiten sind der Aufbau einer guten Verwaltung (good governance) oder auch die Bekämpfung tief verwurzelter Konflikte. Die Reaktionskomponente verpflichtet zur Unterbindung von Menschenrechtsverletzungen, sei es durch Waffenembargos oder anderweitige Sanktionen. Sind alle diplomatischen Bemühungen ausgeschöpft, ist auch eine militärische
30 Intervention möglich. Die Wiederaufbaukomponente soll zur Konfliktnachsorge verpflichten, wie Versöhnung der Konfliktparteien oder Wiederaufbau der Infrastruktur.

Strittig ist vor allem die Möglichkeit einer militärischen Intervention im Sinne der R2P, da hier die beiden Grundsäulen der internationalen Ordnung (souveräne Gleichheit und Interventions- und Gewaltverbot) ausgehebelt werden. [...]

 „Vor allem der Völkermord in Ruanda 1994 und das Massaker von Srebrenica im ehemaligen Jugoslawien 1995 wurden zu Mahnmalen für die Ohnmacht der Völkergemeinschaft." (Z. 17–19) Recherchiert in arbeitsteiliger Gruppenarbeit, was damals jeweils genau vorgefallen ist, und stellt euch eure Ergebnisse gegenseitig vor.

 Erläutert das Konzept der internationalen Schutzverantwortung (R2P) und diskutiert, welche Chancen und Probleme sich hieraus für die Vereinten Nationen ergeben.

 Überprüft den Konflikt in Syrien auf die Möglichkeit des Einsatzes von R2P und erörtert, ob diese Option sinnvoll ist.

 In Libyen wurde gegen das Gaddafi-Regime erstmals eine Militäraktion der Vereinten Nationen im Namen der Schutzverantwortung durchgeführt. Ermittelt, wie diese verlaufen ist, und zieht unter Berücksichtigung aktueller Entwicklungen eine Bilanz der Intervention in Libyen.

Didaktisch-methodische Hinweise

Im diesem Kapitel werden zunächst die Entstehung, die Mitglieder, der Aufbau und die Struktur der NATO beleuchtet. Anschließend sollen die Schüler erfassen, warum und inwiefern sich das Bündnis grundlegend gewandelt hat, worauf sich – insbesondere aus deutscher Perspektive – eine Reflexion des ISAF-Einsatzes in Afghanistan anschließt. Abschließend entwickeln die Schüler Zukunftsperspektiven für „das alte Bündnis in neuem Gewand".

Unterrichtseinheit 15:

 Sachkompetenz, Deutungskompetenz, Wahrnehmungskompetenz, Kommunikationskompetenz

Das Arbeitsblatt **„NATO vs. Warschauer Pakt – der Kalte Krieg" (S. 58)** führt den Schülern vor Augen, in welchem historischen Kontext die NATO als internationale Organisation zur politischen und militärischen Verteidigung entstand. Durch die Erarbeitung eines knappen, stichpunktartigen Schaubildes (Aufgabe 2) in Partnerarbeit erfassen sie die wesentlichen Gegensätze und Konfliktlinien zwischen der North Atlantic Treaty Organization einerseits und dem Warschauer Pakt andererseits.

Unterrichtseinheit 16:

 Sachkompetenz, Deutungskompetenz, Wahrnehmungskompetenz, Urteilskompetenz, Kommunikationskompetenz

Auf der Basis grundlegender historischer Kenntnisse reflektieren die Schüler durch die Beschäftigung mit dem Arbeitsblatt **„Mitglieder, Aufbau und Struktur der NATO" (S. 59)** zunächst über die Rahmenbedingungen des NATO-Beitritts der Bundesrepublik Deutschland im Jahr 1955. Durch die Betrachtung der Entwicklung der Beitritte in den vergangenen Jahrzehnten erfassen sie, dass seit 1999 aus ehemaligen Gegnern Mitglieder wurden, was den Charakter des Bündnisses veränderte.
Diese Erkenntnis wird vertieft, indem sich die Schüler mit den Karikaturen auf dem Arbeitsblatt **„Die NATO im Wandel" (S. 60)** befassen. Neben der Analyse und Interpretation der vorliegenden Karikaturen könnte anschließend je nach zur Verfügung stehender Zeit auch ein handlungs- und produktionsorientier Zugang gewählt werden, indem die Schüler selbst Karikaturen zum Thema skizzieren.
Die abschließende Aufgabe 3 zielt auf eine Aktualisierung ab, in welcher die Schüler darüber reflektieren, ob man angesichts neuerlicher Spannungen zwischen Ost und West ihrer Meinung nach von einem „Kalten Krieg 2.0" sprechen kann.

Unterrichtseinheit 17:

 Sachkompetenz, Deutungskompetenz, Wahrnehmungskompetenz, Urteilskompetenz, Kommunikationskompetenz

Nach dem Sturz der Taliban wurde die ISAF (International Security Assistance Force) unter dem Kommando der NATO mit einer Sicherheits- und Aufbaumission in Afghanistan betraut, an welcher auch deutsche Soldaten teilnahmen. Das Arbeitsblatt **„Der ISAF-Einsatz in Afghanistan" (S. 61)** regt die Schüler auf der Basis von Auszügen aus einer Rede des damaligen Bundesaußenministers Frank-Walter Steinmeier vor dem Bundestag dazu an, sich mit den Erfolgen der Mission zu beschäftigen. Vor dem Hintergrund aktueller Ereignisse muss im Rahmen des Unterrichtsgesprächs natürlich auch auf die vielfältigen Probleme rund um den Einsatz eingegangen werden.
Aufgabe 3 ermuntert die Schüler, ihre Gedanken hierzu differenziert und in Form eines Kommentars niederzuschreiben. In diesem Kontext bietet es sich an, über die Frage der Rechtmäßigkeit von Abschiebungen nach Afghanistan zu diskutieren.

Joachim Schweizer: Friedens- und Sicherheitspolitik
© Auer Verlag

Das Arbeitsblatt „**Quo vadis, NATO?**" **(S. 62)** möchte Zukunftsperspektiven des transatlantischen Verteidigungsbündnisses reflektieren. Im Anschluss an das Schaubild und die Aussagen des US-amerikanischen Präsidenten Donald Trump erfassen die Schüler, dass die NATO unter veränderten Vorzeichen steht und weiter im Wandel begriffen ist bzw. sein muss. Darauf aufbauend sollen Zukunftsvisionen entwickelt werden. Je nach zur Verfügung stehender Zeit kann dies über ein Gespräch zu möglichen Maßnahmen und Aktionen geschehen oder in Anwendung der aufwändigeren, aber etablierten Szenariomethode, die in Aufgabe 2 angeboten wird.

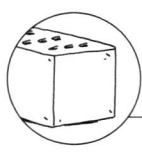

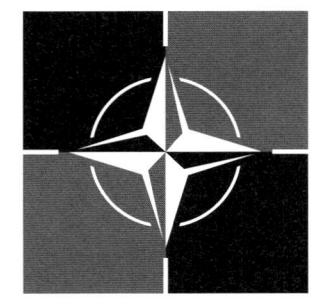

„Der Kalte Krieg" ist ein 1947 geprägter Begriff für den Ost-West-Konflikt, in welchem die USA und die Sowjetunion als unangefochtene Supermächte darauf bestrebt waren, in Anbetracht der atomaren Gefahr einen „heißen Krieg" zu vermeiden, gleichzeitig aber auch versuchten, ihre Machtpositionen zu behaupten und sukzessive auszubauen.

Die NATO (North Atlantic Treaty Organization) wurde im April 1949 als internationale Organisation zur politischen und militärischen Verteidigung auf der Basis gemeinsamer Werte der folgenden Länder gegründet: USA, Kanada, Belgien, Dänemark, Frankreich, Großbritannien, Island, Italien, Luxemburg, die Niederlande, Norwegen und Portugal. Die Bundesrepublik trat der Organisation 1955 bei. Seit 2009 besteht die NATO aus 28 Mitgliedstaaten. Artikel 5 des Nordatlantikvertrags lautet:

> „Die Parteien vereinbaren, dass ein bewaffneter Angriff gegen eine oder mehrere von ihnen in Europa oder Nordamerika als ein Angriff gegen sie alle angesehen wird; sie vereinbaren daher, dass im Falle eines solchen bewaffneten Angriffs jede von ihnen in Ausübung des in Artikel 51 der Satzung der Vereinten Nationen anerkannten Rechts der individuellen oder kollektiven
> 5 Selbstverteidigung der Partei oder den Parteien, die angegriffen werden, Beistand leistet, indem jede von ihnen unverzüglich für sich und im Zusammenwirken mit den anderen Parteien die Maßnahmen, einschließlich der Anwendung von Waffengewalt, trifft, die sie für erforderlich erachtet, um die Sicherheit des nordatlantischen Gebiets wiederherzustellen und zu erhalten.
>
> Von jedem bewaffneten Angriff und allen daraufhin getroffenen Gegenmaßnahmen ist unver-
> 10 züglich dem Sicherheitsrat Mitteilung zu machen. Die Maßnahmen sind einzustellen, sobald der Sicherheitsrat diejenigen Schritte unternommen hat, die notwendig sind, um den internationalen Frieden und die internationale Sicherheit wiederherzustellen und zu erhalten."

Der Warschauer Pakt wurde im Mai 1955 – infolge des Beitritts der Bundesrepublik zur NATO – gegründet. Es handelte sich um einen militärischen Beistandspakt des Ostblocks, welchem auch die DDR im Jahr 1956 beitrat. Im Zuge des Zusammenbruchs der UdSSR löste sich der Warschauer Pakt im März 1991 auf.

1 Erarbeitet unter Berücksichtigung eures Wissens aus dem Fach Geschichte Funktion und Aufgabe der NATO zur Zeit des Kalten Krieges.

_____

_____

_____

_____

_____

2 Entwickelt ein knappes, stichpunktartiges Schaubild zum Thema „NATO vs. Warschauer Pakt – der Kalte Krieg".

Joachim Schweizer: Friedens- und Sicherheitspolitik © Auer Verlag

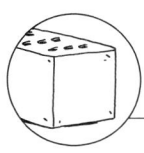

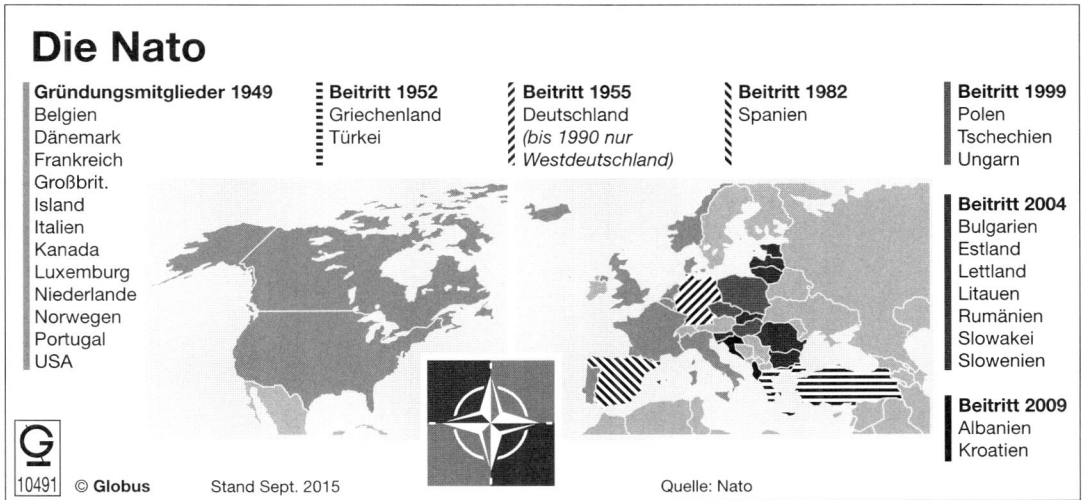

Die Nato

Gründungsmitglieder 1949	Beitritt 1952	Beitritt 1955	Beitritt 1982	Beitritt 1999
Belgien	Griechenland	Deutschland	Spanien	Polen
Dänemark	Türkei	*(bis 1990 nur*		Tschechien
Frankreich		*Westdeutschland)*		Ungarn
Großbrit.				
Island				**Beitritt 2004**
Italien				Bulgarien
Kanada				Estland
Luxemburg				Lettland
Niederlande				Litauen
Norwegen				Rumänien
Portugal				Slowakei
USA				Slowenien
				Beitritt 2009
				Albanien
				Kroatien

10491 © **Globus**   Stand Sept. 2015   Quelle: Nato

1 Der Beitritt der Bundesrepublik Deutschland zur NATO 1955 war sowohl innen- als auch außenpolitisch umstritten. Erwägt Gründe, weshalb dies der Fall war.

_____

_____

_____

2 Erläutert, inwiefern sich seit 1999 die NATO grundlegend gewandelt hat. Diskutiert, worin Chancen und Probleme dieser Entwicklung liegen.

_____

_____

_____

Aufbau und Struktur der NATO

Die NATO weist sowohl eine militärische als auch eine zivile Verwaltungsstruktur auf.

Dem zivilen Bereich steht der Nordatlantikrat (NATO-Rat) mit Sitz in Brüssel vor, der das höchste Entscheidungsgremium der NATO ist. Den Vorsitz dort hat der Generalsekretär (seit 1. Januar 2014 Jens Stoltenberg), er leitet zudem das Generalsekretariat mit dem Internationalen Stab. Außerdem ist er
5 Vorsitzender des Verteidigungsplanungsausschusses und der Nuklearen Planungsgruppe. Darüber hinaus gehören noch weitere Gremien zur zivilen Ebene, wie etwa der NATO-Russland-Rat oder die Parlamentarische Versammlung der NATO.

Das wichtigste militärische Organ ist der Nato-Militärausschuss. Er besteht aus den Stabschefs aller an der militärischen Zusammenarbeit der NATO involvierten Mitglieder. Er kommt im Anschluss an die
10 Tagungen des NATO-Rates zusammen und untersteht sowohl ihm als auch dem Verteidigungsplanungsausschuss und der Nuklearen Planungsgruppe, wobei er insbesondere beratende Funktion übernimmt.

Die Entscheidungen der NATO werden zwischen der militärischen und der zivilen Ebene stets nach dem Konsensprinzip getroffen, wobei der militärische Apparat gegenüber dem zivilen weisungsgebunden ist.

3 Erstellt auf Grundlage des Textes eine Strukturskizze des institutionellen Aufbaus der NATO.

1 Analysiert und interpretiert die Karikatur von Klaus Stuttmann, die anlässlich des 60-jährigen Bestehens der NATO entworfen wurde, und macht deutlich, welche Probleme sich für die NATO durch das Ende des Kalten Krieges ergaben.

Karikatur von Klaus Stuttmann (27. März 2009)

2 Analysiert und interpretiert die Karikatur von Horst Haitzinger.

Karikatur von Horst Haitzinger (08. Juli 2016)

3 Diskutiert unter Berücksichtigung aktueller weltpolitischer Ereignisse, ob man angesichts neuerlicher Spannungen zwischen Ost und West eurer Meinung nach von einem „Kalten Krieg 2.0" sprechen kann.

Joachim Schweizer: Friedens- und Sicherheitspolitik
© Auer Verlag

Der ehemalige Außenminister der Bundesrepublik Deutschland Frank-Walter Steinmeier (SPD) äußerte sich in der Bundestags-Debatte am 13.02.2014 zur Verlängerung der Beteiligung der Bundeswehr am ISAF-Mandat in Afghanistan (Auszug):

Das letzte Mal entscheiden wir über die Verlängerung des ISAF-Mandates für Afghanistan. Der längste, härteste und opferreichste Kampfeinsatz der Bundeswehr geht nach zwölf Jahren am Ende dieses Jahres zu Ende. Ich bin sicher: Über Erfolg oder Misserfolg werden wir auch in diesem Hause noch streiten. […] Wer erinnert sich eigentlich noch, wie das damals begann? 3 000 Tote beim Anschlag auf das World Trade Center, Anschläge islamistischer Attentäter

5 auf Bali [Anm. d. Verf.: Islamistischer Anschlag vom 12. Oktober 2002 mit 202 Todesopfern, darunter sechs Deutsche], Djerba [Anm. d. Verf.: Islamistischer Anschlag vom 11. April 2002 mit 19 Todesopfern, darunter 14 Deutsche] und in Casablanca [Anm. d. Verf.: Islamische Anschlagsserie vom 16. Mai 2003 mit über 40 Todesopfern]: Überall dort sind auch Deutsche zu Opfern geworden.

Haben auch wir nicht damals befürchtet, dass das, was da in Amerika seinen Ausgang genommen hat, bei uns in

10 Europa ankommen könnte, dass auch Menschen in Berlin, Hamburg oder München zu Opfern werden könnten? Europa ist nicht verschont geblieben. Hunderte sind bei den Anschlägen in London und Madrid gestorben. Wir in Deutschland sind verschont geblieben, aber die Angst war doch auch hier unter uns. […] Aus meiner Sicht wäre es zynisch gewesen, nichts zu tun, andere vorzuschicken, um den Ausbildern des Terrors ihr Handwerk zu legen, aber selbst hier in Deckung zu bleiben. Es ging auch um den Schutz unserer Bürger hier in Deutschland. […] Dieses Jahr

15 2014 ist ein Schlüsseljahr. […] Während sich gegenwärtig Tausende von ISAF-Soldaten in Kabul, Herat, Kandahar, Masar und anderswo auf den Rückweg in die Heimat vorbereiten, bleibt für uns die Frage: Haben sich die Anstrengungen gelohnt? […]

Nach zwölf Jahren Einsatz – in fast jedem Jahr begleitet durch viele schlechte Nachrichten – hat sich das Interesse der Öffentlichkeit von Afghanistan etwas abgewandt. Die Bilanz, die wir für Afghanistan zu ziehen haben, ist ge-

20 mischt; sie ist nicht eindeutig. Aber geschönte Bilanzen helfen in der öffentlichen Debatte, die wir vor uns haben, überhaupt nicht weiter. […] Es ist nicht einmal garantiert, dass das, was in Afghanistan in den letzten zwölf Jahren entstanden ist, so bleibt. Das ist aber gerade das Entscheidende. Was uns in den letzten Jahren aus dem Blick geraten ist, ist für die Menschen in Afghanistan, die 30 oder mehr Jahre Krieg und Bürgerkrieg hinter sich haben, überlebenswichtig. Wir haben dort Schulen, Straßen und Brunnen gebaut. Wir haben dabei geholfen, dass zehn Millio-

25 nen Kinder zur Schule gehen – von diesen zehn Millionen Kindern sind etwa 40 Prozent Mädchen – und heute der elektrische Strom in Kabul stabiler fließt als auf der anderen Seite der Grenze, in Pakistan. In vielen Regionen in Afghanistan gibt es eine medizinische Basisversorgung, die nicht an unseren Maßstäben gemessen werden kann, die aber dazu geführt hat, dass die Kindersterblichkeit deutlich gesunken ist. […]

 1 Erarbeitet anhand der Rede Frank-Walter Steinmeiers vor dem Bundestag die Motive heraus, die dazu führten, dass sich auch die Bundesrepublik Deutschland dem ISAF-Einsatz in Afghanistan angeschlossen hat.

 2 Erläutert, welche positiven Aspekte aus der Sicht Steinmeiers infolge des ISAF-Einsatzes in Afghanistan zu verzeichnen sind.

 3 Ermittelt die aktuelle Lage in Afghanistan und verfasst einen Kommentar, in dem ihr abwägt, ob der ISAF-Einsatz in Afghanistan als erfolgreich zu bezeichnen ist.

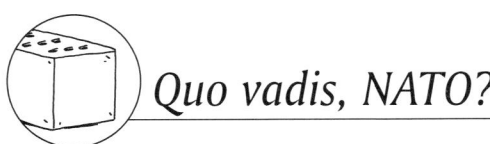
 1 Analysiert und interpretiert das Schaubild.

Verteidigungsausgaben der Nato-Staaten

Im Jahr 2016 haben die Nato-Staaten* 918,3 Milliarden Dollar für die Verteidigung ausgeben, das entsprach einem Anteil von 2,43 Prozent des Bruttoinlandsprodukts (BIP).

Nato-Staaten mit den **höchsten Militärausgaben** in Milliarden Dollar

USA	664,1 Mrd. $
Großbritannien	60,3
Frankreich	43,6
Deutschland	40,7
Italien	21,9
Kanada	15,4
Türkei	11,6
Spanien	11,1
Polen	9,3
Niederlande	9,0

... mit dem **höchsten Anteil am jeweiligen BIP** in Prozent

USA	3,61 %
Griechenland	2,38
Großbritannien	2,21
Estland	2,16
Polen	2,00
Frankreich	1,78
Türkei	1,56
Norwegen	1,54
Litauen	1,49
Rumänien	1,48
zum Vergleich: Deutschland	1,19

*27 der 28 Nato-Staaten (ohne Island)
Quelle: Nato   Schätzungen   Stand Juli 2016

© Globus 11582

 2 Entwickelt auf Basis des Schaubildes, der Aussagen des US-Präsidenten Donald Trump und aktueller politischer Geschehnisse die folgenden drei Zukunftsentwürfe für die NATO:
- negatives Extremszenario: Wie könnte die Zukunft im schlimmsten Falle aussehen?
- positives Extremszenario: Wie könnte die Zukunft im besten Falle aussehen?
- Trendszenario: Wie könnte die Zukunft aussehen, wenn sich die jetzige Situation fortschreibt?

Hinweis: Ziel der Methode „Szenariotechnik" ist es, mögliche Zukunftsbilder auf Basis gegenwärtig bekannter Zustände zu entwerfen.
Eine Analyse aktueller Tatsachen, Daten, Entwicklungen, deren Bedingungen und Zusammenhänge sowie Wechselbeziehungen liefert die Grundlage. Leerstellen und Lücken müssen kreativ und fantasievoll gefüllt werden. Die so entstehenden Szenarien liefern den Zusammenhang für die Entwicklung ganz konkreter Maßnahmen sowie Strategien.

„Wir [die Vereinigten Staaten von Amerika] unterstützen die NATO nachhaltig."

„Wir [die Vereinigten Staaten von Amerika] sollten diese Länder [die Mitgliedstaaten der NATO] schützen, aber viele dieser Länder zahlen nicht, was sie zahlen müssten. Das ist sehr unfair gegenüber den USA. Abgesehen davon ist mir die NATO sehr wichtig."

„Die NATO hat Probleme. Sie ist obsolet, weil sie erstens vor vielen, vielen Jahren entworfen wurde. Sie ist auch deshalb obsolet, weil sie sich nicht um den Terrorismus gekümmert hat."

Joachim Schweizer : Friedens- und Sicherheitspolitik
© Auer Verlag

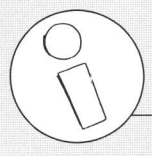

Deutsche Außenpolitik zwischen Zurückhaltung und Engagement

Didaktisch-methodische Hinweise

Nachdem in den vorherigen Kapiteln verschiedene internationale Bündnisse und Organisationen in den Blick genommen wurden, soll im Folgenden der Fokus auf die nationalstaatliche Perspektive gelegt werden, indem Akteure, Einflussfaktoren, Prioritäten und Optionen deutscher Außenpolitik thematisiert werden.

Unterrichtseinheit 18:

 Sachkompetenz, Wahrnehmungskompetenz, Kommunikationskompetenz

Welche Personen, Gremien, Institutionen, Organisationen, Interessengruppen etc. das außenpolitische Handeln der Bundesrepublik Deutschland in besonderem Maße bestimmen und beeinflussen können, erfahren die Schüler durch die Beschäftigung mit dem Arbeitsblatt **„Akteure deutscher Außenpolitik"** **(S. 64)**. In arbeitsteiliger Vorgehensweise ermitteln sie auf Basis des Grundgesetzes Befugnisse und Kompetenzen der verschiedenen Instanzen sowie weiterer „Mitspieler" und erstellen auf Grundlage ihrer Recherchen ein Schaubild.

Unterrichtseinheit 19:

 Sachkompetenz, Deutungskompetenz, Wahrnehmungskompetenz, Urteilskompetenz

Das doppelseitige Arbeitsblatt **„Einflussfaktoren auf die deutsche Außenpolitik" (S. 65f.)** führt den Schülern bereits durch die Beschäftigung mit dem 2+4-Vertrag vom 12. September 1990 vor Augen, dass die Vergangenheit Deutschlands einen Einflussfaktor für außenpolitisches Handeln der Bundesrepublik darstellt. Im weiteren Verlauf erarbeiten sie unter Verwendung des Grundgesetzes weitere Rahmenbedingungen und Determinanten für die deutsche Außenpolitik. Je nach zur Verfügung stehender Zeit kann durch die Auseinandersetzung mit Auszügen aus einer Rede Angela Merkels vor der Knesset am 18. März 2008 in Jerusalem der Aspekt der historischen Verantwortung Deutschlands und deren Bedeutung für aktuelles außenpolitisches Handeln reflektiert und diskutiert werden.

Aus den erarbeiteten Einflussfaktoren heraus sollen anhand des Arbeitsblattes **„Prioritäten deutscher Außenpolitik aus Sicht der Bürger" (S. 67)** eben diese erwogen werden. Hier bietet es sich an, zunächst in der Klasse eine Umfrage durchzuführen und die Ergebnisse mit denen der vorliegenden Schaubilder zu vergleichen.

Unterrichtseinheit 20:

 Sachkompetenz, Deutungskompetenz, Wahrnehmungskompetenz, Urteilskompetenz

Das doppelseitige Arbeitsblatt **„Optionen deutscher Außenpolitik" (S. 68f.)** geht abschließend darauf ein, welche Strategien und Zielvorstellungen sich für das außenpolitische Handeln der Bundesrepublik zukünftig ergeben (können). Auf Basis des Textes des Analysten und Publizisten Ulrich Speck werden den Schülern grundsätzliche Optionen deutlich, die es im Folgenden unter Berücksichtigung aktueller politischer und gesellschaftlicher Entwicklungen zu überprüfen gilt. Am Ende der Sequenz steht ein produktionsorientierter Arbeitsauftrag, der von den Schülern eine Fortsetzung – und damit eine differenzierte Auseinandersetzung mit potenziellen Handlungsmöglichkeiten der Bundesrepublik – des Textes Ulrich Specks fordert.

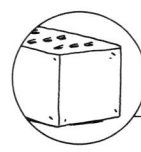

Akteure deutscher Außenpolitik

1 Zu den außenpolitischen Akteuren Deutschlands gehören der Bundeskanzler, der Bundesaußenminister, der Bundesverteidigungsminister, der Bundesminister für wirtschaftliche Zusammenarbeit und Entwicklung sowie der Bundespräsident.

Ermittelt mithilfe des Grundgesetzes die außenpolitischen Aufgaben und Kompetenzen der genannten Akteure.

_____

_____

_____

_____

_____

_____

_____

_____

2 Sammelt weitere deutsche Institutionen, Organisationen, Interessengruppen etc., die in außenpolitischer Hinsicht von Bedeutung sind, und stellt eure Ergebnisse in einem Schaubild zusammen.

Joachim Schweizer: Friedens- und Sicherheitspolitik
© Auer Verlag

2+4-Vertrag vom 12. September 1990 (Auszug):

Artikel 1

(1) Das vereinte Deutschland wird die Gebiete der Bundesrepublik Deutschland, der Deutschen Demokratischen Republik und ganz Berlins umfassen. […]

(2) Das vereinte Deutschland und die Republik Polen bestätigen die zwischen ihnen bestehende Grenze
5 in einem völkerrechtlich verbindlichen Vertrag.

(3) Das vereinte Deutschland hat keinerlei Gebietsansprüche gegen andere Staaten und wird solche auch nicht in Zukunft erheben. […]

Artikel 2

Die Regierungen der Bundesrepublik Deutschland und der Deutschen Demokratischen Republik bekräf-
10 tigen ihre Erklärungen, dass von deutschem Boden nur Frieden ausgehen wird. […]

Artikel 3

(1) Die Regierungen der Bundesrepublik Deutschland und der Deutschen Demokratischen Republik bekräftigen ihren Verzicht auf Herstellung und Besitz von und auf Verfügungsgewalt über atomare, biologische und chemische Waffen. Sie erklären, dass auch das vereinte Deutschland sich an diese Verpflich-
15 tungen halten wird. […]

(2) […] Die Regierung der Bundesrepublik Deutschland verpflichtet sich, die Streitkräfte des vereinten Deutschland innerhalb von drei bis vier Jahren auf eine Personalstärke von 370 000 Mann (Land-, Luftund Seestreitkräfte) zu reduzieren. […] Die Regierung der Deutschen Demokratischen Republik hat sich dieser Erklärung ausdrücklich angeschlossen. […]

20 Artikel 7

(1) Die Französische Republik, das Vereinigte Königreich Großbritannien und Nordirland, die Union der Sozialistischen Sowjetrepubliken und die Vereinigten Staaten von Amerika beenden hiermit ihre Rechte und Verantwortlichkeiten in Bezug auf Berlin und Deutschland als Ganzes. […]

(2) Das vereinte Deutschland hat demgemäß volle Souveränität über seine inneren und äußeren Angele-
25 genheiten.

1 Erläutert, welche Rechte und Pflichten sich aus dem 2+4-Vertrag vom 12. September 1990 für Deutschland ergeben.

_____

_____

_____

_____

_____

_____

2 Charakterisiert vor dem Hintergrund des 2+4-Vertrags sowie der Präambel und der Artikel 1, 23, 24, 25, 26, 87a und 115a des Grundgesetzes den Rahmen für das außenpolitische Handeln in der Bundesrepublik Deutschland.

3 Erklärt den Einfluss der deutschen Vergangenheit für die außenpolitischen Vorgaben des Grundgesetzes.

Diese Rede hielt Bundeskanzlerin Angela Merkel am 18. März 2008 vor der Knesset in Jerusalem (Auszug):

> Sehr geehrter Herr Staatspräsident, sehr geehrte Frau Präsidentin, sehr geehrter Herr Premierminister, sehr geehrte Frau Präsidentin des Obersten Gerichtshofes, sehr geehrte Mitglieder der Knesset, sehr geehrte Damen und Herren, Frau Präsidentin,
> anni modda lachem sche-nittan li le-dabber ellechem kaan be-bait mechubad se. Se kawwod gadol
> 5 awurri. (Ich danke Ihnen, hier zu Ihnen sprechen zu dürfen. Ich empfinde dies als eine große Ehre.) [..]
> Ich danke allen, dass ich in meiner Muttersprache heute zu Ihnen sprechen darf. Ich spreche zu Ihnen in einem besonderen Jahr. Denn in diesem Jahr 2008 feiern Sie den 60. Jahrestag der Gründung Ihres Staates, des Staates Israel. [...]
> Deutschland und Israel sind und bleiben – und zwar für immer – auf besondere Weise durch die Erin-
> 10 nerung an die Schoah verbunden. [...]
> Der im deutschen Namen verübte Massenmord an sechs Millionen Juden hat unbeschreibliches Leid über das jüdische Volk, über Europa und die Welt gebracht. Die Schoah erfüllt uns Deutsche mit Scham. Ich verneige mich vor den Opfern, ich verneige mich vor den Überlebenden und vor all denen, die ihnen geholfen haben, dass sie überleben konnten.
> 15 Der Zivilisationsbruch durch die Schoah ist beispiellos. Er hat bis heute Wunden hinterlassen. Er schien Beziehungen zwischen Israel und Deutschland zunächst geradezu unmöglich zu machen. In den israelischen Pässen stand lange Zeit der Satz: „Gilt für alle Länder mit Ausnahme Deutschlands." [...]
> Ich bin zutiefst davon überzeugt: Nur wenn sich Deutschland zu seiner immerwährenden Verantwortung für die moralische Katastrophe in der deutschen Geschichte bekennt, können wir die Zukunft
> 20 menschlich gestalten. Oder anders gesagt: Menschlichkeit erwächst aus der Verantwortung für die Vergangenheit. [...]
>
> Besonderen Anlass zur Sorge geben ohne Zweifel die Drohungen, die der iranische Präsident gegen Israel und das jüdische Volk richtet. Seine wiederholten Schmähungen und das iranische Nuklearprogramm sind eine Gefahr für Frieden und Sicherheit. Wenn der Iran in den Besitz der Atombombe käme,
> 25 dann hätte das verheerende Folgen – zuerst und vor allem für die Sicherheit und Existenz Israels, dann für die gesamte Region und schließlich, weit darüber hinaus, für alle in Europa und der Welt, für alle, denen die Werte Freiheit, Demokratie und Menschenwürde etwas bedeuten. Das muss verhindert werden. [...]
> Gerade an dieser Stelle sage ich ausdrücklich: Jede Bundesregierung und jeder Bundeskanzler vor
> 30 mir waren der besonderen historischen Verantwortung Deutschlands für die Sicherheit Israels verpflichtet. Diese historische Verantwortung Deutschlands ist Teil der Staatsräson meines Landes. Das heißt, die Sicherheit Israels ist für mich als deutsche Bundeskanzlerin niemals verhandelbar. Und wenn das so ist, dann dürfen das in der Stunde der Bewährung keine leeren Worte bleiben. Deutschland setzt gemeinsam mit seinen Partnern auf eine diplomatische Lösung. Die Bundesregierung wird
> 35 sich dabei, wenn der Iran nicht einlenkt, weiter entschieden für Sanktionen einsetzen. [...]
> Ja, es sind besondere, einzigartige Beziehungen – mit immerwährender Verantwortung für die Vergangenheit, mit gemeinsamen Werten, mit gegenseitigem Vertrauen, mit großer Solidarität füreinander und mit vereinter Zuversicht. In diesem Geist feiern wir das heutige Jubiläum. In diesem Geist wird Deutschland Israel nie allein lassen, sondern treuer Partner und Freund sein.
> 40 Masal-tov le-chaggigot schischim schanna le-medinnat Issrael. Shalom. (Herzlichen Glückwunsch zu 60 Jahren Staat Israel. Shalom.)

 Fasst die zentralen Thesen und Aussagen der Rede Angela Merkels vor der Knesset stichpunktartig zusammen.

 Diskutiert, inwieweit ihr diesen Aussagen zustimmen könnt.

Erläutert – neben der aus der deutschen Vergangenheit entwachsenen historischen Verantwortung – weitere Einflussfaktoren auf die deutsche Außenpolitik.

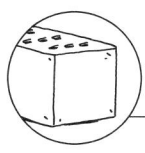

Prioritäten deutscher Außenpolitik aus Sicht der Bürger

1 Führt in der Klasse eine Umfrage zu den Prioritäten deutscher Außenpolitik durch und vergleicht eure Ergebnisse mit den Ergebnissen des Schaubildes, das aus dem Jahr 2014 stammt.

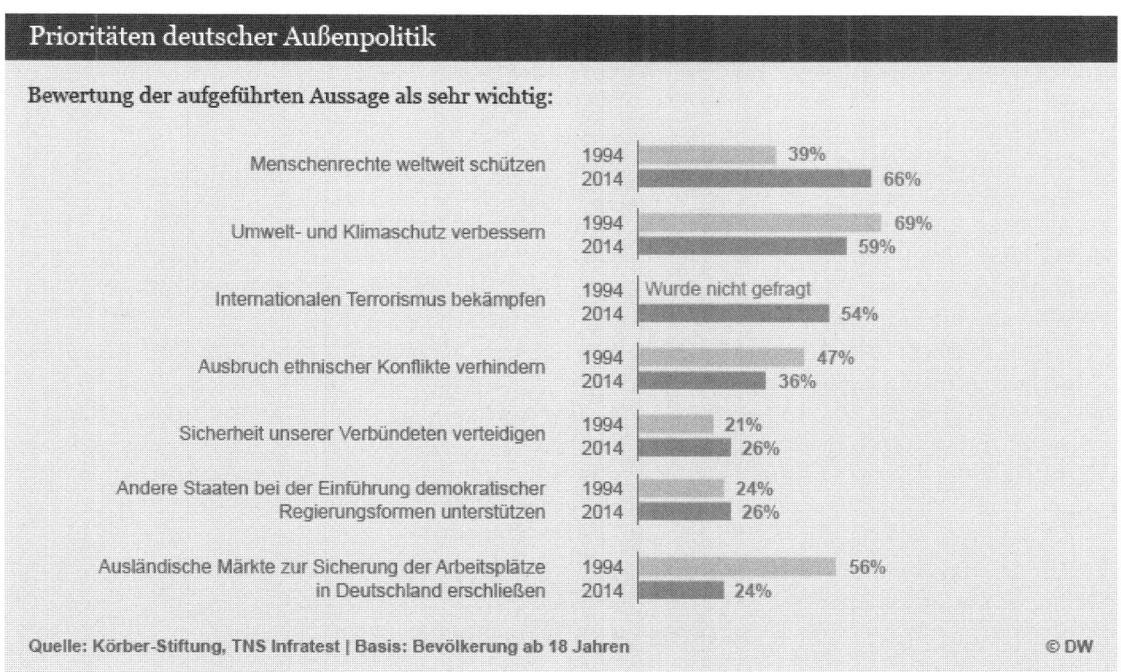

2 Erläutert mögliche Gründe, wie die teils deutlichen Unterschiede in den Meinungen der Bürger 1994 und 2014 zu erklären sein könnten.

3 Analysiert und interpretiert das untere Schaubild und diskutiert mögliche Erklärungen für die zwiespältige Einschätzung der Deutschen zur Türkei.

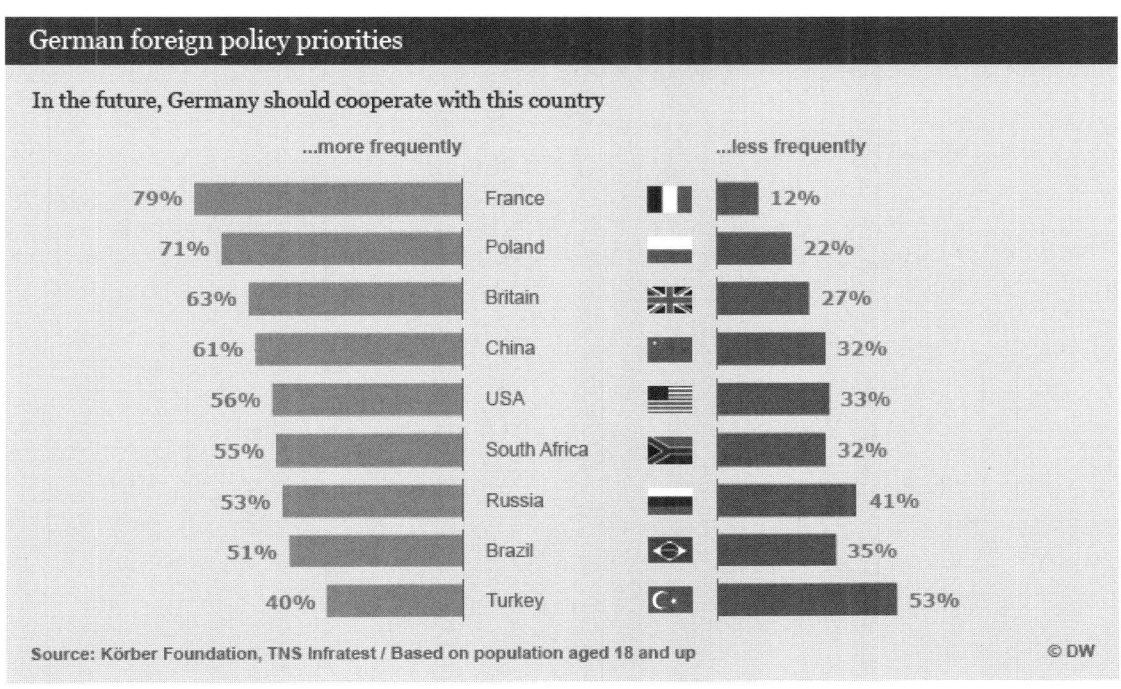

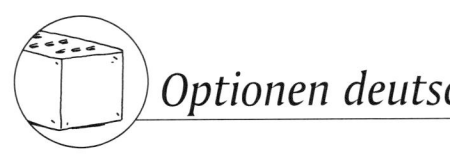

Der außenpolitische Analyst und Publizist Ulrich Speck reflektiert in der Zeitschrift „Internationale Politik" über Spielräume und Optionen deutscher Außenpolitik (2012):

> Die Außenpolitik der alten Bundesrepublik war vergleichsweise einfach, sie vollzog sich im Kontext der bipolaren Weltordnung. Es ging erstens um die Wiederherstellung der Handlungsfähigkeit des Staates, also die Emanzipation von äußerem Zwang. Zweitens ging es darum, die Option der Wiedervereinigung der beiden deutschen Staaten zu erhalten. Drittens ging es – wie bei allen demokratischen Staaten – um
> 5 die Bewahrung des Friedens, die Sicherung von Freiheit und die Förderung von Prosperität.
> Die doppelte Westbindung, an die Vereinigten Staaten und an Westeuropa, war das strategische Mittel, diese Ziele zu erreichen. Damit wurde erst Vertrauen im Westen erlangt, später wurde dann mit der Ostpolitik auch Vertrauen im Osten geschaffen. Auf diesen Fundamenten der Rehabilitation aufbauend konnte Helmut Kohl 1990 die Wiedervereinigung durchsetzen – gegen erhebliche Widerstände.
> 10 Damit war die alte Außenpolitik zum Abschluss gekommen. Eine neue außenpolitische Strategie für das vereinte Deutschland aber gibt es nicht. Obwohl Deutschland als ökonomischem Riesen und Mittelmacht in Europa auch politisch zunehmend eine Führungsrolle angetragen wird, sträubt sich Berlin. Man fährt zumeist auf Sicht, reagiert zumeist nur. Und man orientiert sich an überkommenen Koordinaten: nah an Washington, wenn es um Weltpolitik und Sicherheitsfragen geht, nah an Paris, wenn es
> 15 um Europa geht. Gerhard Schröders halbherziger Versuch einer Neuorientierung Deutschlands nah an Moskau war ein Abweg, der mehr mit traditioneller West-Skepsis der SPD zu tun hatte als mit durchdachter Strategie. Insgesamt ist Deutschland außenpolitischer Gestaltungswille noch immer weitgehend fremd. Die Angst vor Konflikten und Isolation ist groß. Wenn es ein Charakteristikum deutscher Außenpolitik gibt, dann besteht es in der Zurückhaltung: bloß kein Risiko eingehen. Im Zweifelsfall
> 20 lieber nicht handeln, womöglich enthalten. Notfalls zahlen. [...]
> All dies verbindet sich freilich aufs Beste mit den ökonomischen Interessen Deutschlands als höchst erfolgreicher Exportnation. Jedenfalls auf den ersten Blick. Eine profilierte, aktive Außenpolitik liefe Gefahr, mit Unternehmensinteressen zu kollidieren. Doch das geschieht selten. Nur wenn der Druck aus Washington zu groß wird, nimmt man auch geschäftliche Einbußen in Kauf. Bei aller Kritik aus
> 25 europäischen und anderen Hauptstädten an deutscher Passivität und Enthaltsamkeit sind Nachbarn und Partner doch insgesamt mit Deutschland zufrieden.
> Das Land, von dem in der ersten Hälfte des 20. Jahrhunderts zwei Weltkriege ausgingen, hat sich zum Musterknaben entwickelt – westlich orientiert, demokratisch gefestigt und europäisch eingebunden. Das machtstaatlich-nationalistische Denken und Fühlen ist anscheinend aufgegangen in Europäisie-
> 30 rung, Globalisierung und Wohlstand. [...]
> Und doch stellt sich die Frage, ob es so weitergehen kann – oder ob Deutschland nicht eine aktivere Außenpolitik betreiben muss, um zu bewahren, was es in den vergangenen Jahrzehnten gewonnen hat: Friede, Freiheit und Wohlstand. [...]
> Somit steht Berlin vor Weichenstellungen, die mit Westbindung, Ostpolitik und Wiedervereinigung vergleichbar sind. Es hat, prinzipiell gesehen, drei Optionen: Deutschland kann auf die nationale Karte,
> 35 auf die transatlantische Karte oder auf die europäische Karte setzen. [...]

1 Erarbeitet aus dem Text Ulrich Specks unter Berücksichtigung historischer Aspekte mögliche Strategien und Zielvorstellungen deutscher Außenpolitik.

_____

_____

_____

_____

_____

Joachim Schweizer: Friedens- und Sicherheitspolitik

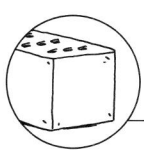

Optionen deutscher Außenpolitik (2)

 2 „Deutschland kann auf die nationale Karte, auf die transatlantische Karte oder auf die europäische Karte setzen." (Z. 35–36) Führt Ulrich Specks Aufsatz fort, indem ihr darüber diskutiert, auf welche Option die Bundesrepublik Deutschland setzen sollte und macht abschließend eure persönliche Meinung begründet deutlich. Bezieht auch die zentralen Informationen des Schaubildes in euren Text mit ein.

■ Deutschland in internationalen Organisationen
Beispiele für die Einbindung der Bundesrepublik Deutschland

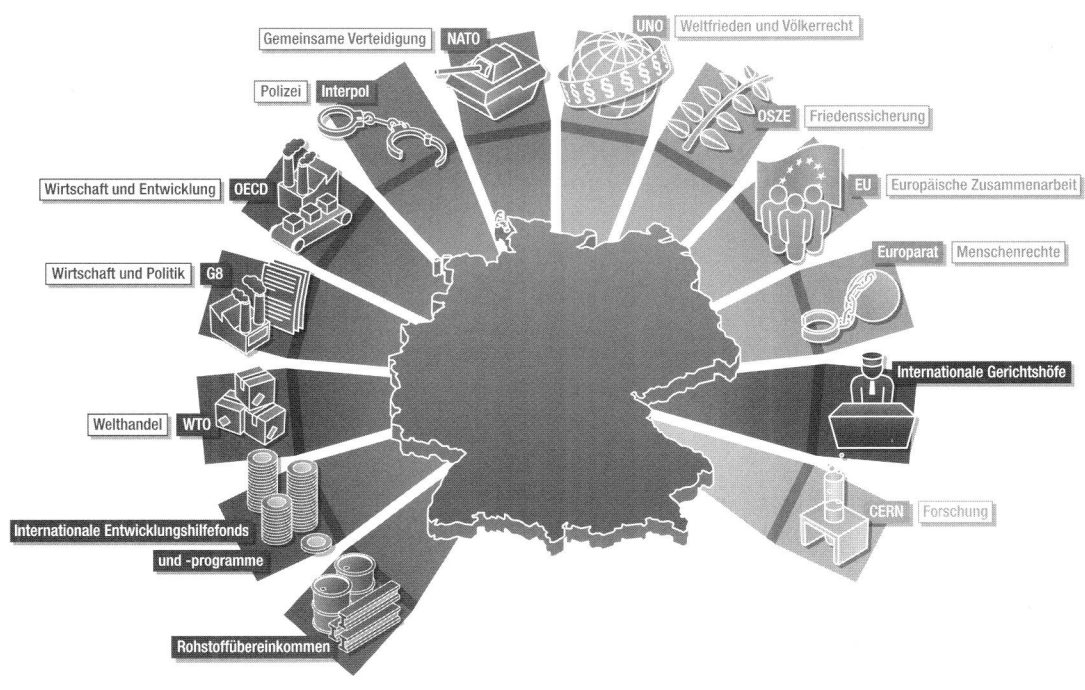

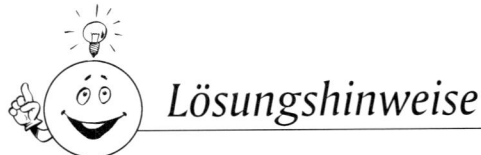

Lösungshinweise

Wenn keine Lösungen angegeben wurden, handelt es sich um offene, individuelle Lösungen.

Von Krieg und Frieden

Seite 9f.: Thomas Hobbes – „Ein Krieg aller gegen alle"

Aufgabe 1:
Mögliche Aspekte im oberen Teil des Titelbildes:
- Ein überdimensional großer Mann erscheint vor einer Hügellandschaft und einer friedlich wirkenden Stadt:
  - ○ in der rechten Hand ein Schwert als Zeichen weltlicher Macht
  - ○ in der linken Hand einen Bischofsstab als Zeichen geistlicher Macht
  - ○ eine Krone als Zeichen königlicher Macht
  - ○ der Körper des Mannes von unzähligen Menschen gebildet

Mögliche Aspekte im unteren Teil des Titelbildes:
- Links und rechts befinden sich die „Säulen" bzw. die „Standbeine" der allumfassenden Macht Leviathans:
  - ○ links: Mittel der weltlichen Macht, z. B.: Burg, Krone, ...
  - ○ rechts: Mittel der geistlichen Macht, z. B.: Kirche, Mitra, ...

Aufgabe 2:
- These: gleichmäßige Begabung aller Menschen
- Folge: Konkurrenzsituation um bestimmte Güter und Ziele
- Notwendigkeit einer einschränkenden Macht zur Verhinderung von Konflikten (vgl. „bellum omnium contra omnes" sowie „homo homini lupus")
- Konsequenz: partielle Aufgabe persönlicher Freiheiten und freiwilliges Unterwerfen unter eine alles regulierende Macht (vgl. Vertrag eines jeden mit jedem)
- Folge: Entstehung eines Staates bzw. Gemeinwesens

Aufgabe 3:
Mögliche Aspekte:
- pessimistisches Weltbild
- negativer Friedensbegriff: Verhinderung gewaltsamer Austragung von zwischenstaatlichen Konflikten nur durch Drohfrieden möglich
- Konsequenzen: Aufrüstung und Betonung der Wehrhaftigkeit von Einzelstaaten zum Zwecke der Abschreckung und eigenen Sicherheit

Seite 11: Immanuel Kant – Hoffnung auf den Weltfrieden

Aufgabe 2:
Mögliche Aspekte:
- positiver Friedensbegriff
- Möglichkeit gewaltarmer Konfliktlösungen zwischen demokratisch regierten Einzelstaaten auf der Basis des Völkerrechts
- Idee eines föderativen Weltstaatenbundes (vgl. zukunftsweisend in Richtung der Entstehung der Vereinten Nationen)

Joachim Schweizer: Friedens- und Sicherheitspolitik

Seite 13f.: Die Friedensnobelpreisträger – Herausforderungen und Gefahren für Frieden und Sicherheit im Überblick

Aufgabe 3:

Mögliche Aspekte:

- politisch, z. B.: Terrorismus, Bürgerkriege, Annexionen, ...
- ökonomisch, z. B.: Waffenhandel, Ressourcenknappheit, ...
- ökologisch, z. B.: Klimawandel, Naturkatastrophen, ...
- sozial, z. B.: kulturelle Konflikte, religiöse Differenzen, ...
- sonstige, z. B.: Migration, ...

S. 15: Der Weltfriedensindex

Aufgabe 1:

- hoher bzw. sehr hoher Friedenszustand im Großteil Europas, Ozeaniens sowie Nordamerikas (insbesondere in Kanada), überraschenderweise (?) aber auch in manchen Ländern des südlichen Afrika
- starke Fokussierung des Problems auf den Krisengebieten in Afrika, Asien sowie im Nahen Osten
- Problematik fehlender Daten in zahlreichen Ländern sowie grundsätzliche Frage der Vorgehensweise bei der Erhebung solcher Datensätze

Aufgabe 2:

- Beurteilungskriterien: Anzahl der geführten Kriege im In- und Ausland, geschätzte Zahl der Toten durch externe Kriege, geschätzte Zahl der Toten durch interne Kriege, Grad der internen organisierten Auseinandersetzungen, Beziehungen zu den Nachbarländern, Höhe des Misstrauens in Mitbürger, Zahl der verdrängten Personen in Prozent der Einwohnerzahl, politische Instabilität, Grad des Respektes für Menschenrechte, Möglichkeit von Terroranschlägen, Anzahl von Morden, Level des gewalttätigen Verbrechens, Wahrscheinlichkeit von gewalttätigen Demonstrationen, Zahl der inhaftierten Personen, Zahl der Polizisten und Sicherheitsbeamten, Ausgaben für das Militär in Prozent des BIP, Anzahl an Berufssoldaten, Import von konventionellen Waffen, Export von konventionellen Waffen, UN-Einsätze, Einsätze anderer Länder bzw. Organisationen außer der UNO, Anzahl an schweren Waffen, Grad der Schwierigkeit, Zugang zu leichten Waffen zu bekommen, Fähigkeit des Militärs
- weitgehende Fokussierung in der Herangehensweise des Institute for Economics and Peace auf einen negativen Friedensbegriff

Problembereiche und Felder der Friedens- und Sicherheitspolitik

Seite 18f.: Terrorismus

Aufgabe 3:

- personelle Stärke aufgrund der Anziehungskraft durch hohen Sold und Image eines lukrativen Arbeitgebers
- effiziente militärische Organisation
- Menge und Qualität der verfügbaren Waffen und Munition
- Unabhängigkeit von fremden Geldgebern durch ausgeklügeltes Finanzsystem
- Anziehungskraft für unterschiedliche (religiöse) Fanatiker weltweit aufgrund seiner „staatlichen" Ordnung
- Rückzugsgebiete in Syrien und im Irak

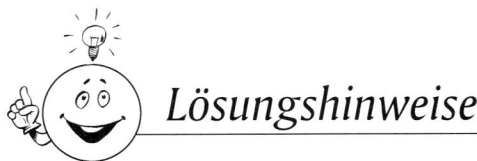

Lösungshinweise

Aufgabe 4:
- Einigung der Vereinten Nationen auf ein gemeinsames und einheitliches Vorgehen im Syrienkrieg und Überwindung nationalstaatlicher Egoismen im Sicherheitsrat
- zentrale Bedeutung der Haltung Russlands
- Frage der Sinnhaftigkeit einer groß angelegten militärischen Intervention vor dem Hintergrund der negativen Erfahrungen und Folgen solcher Eingriffe im Nahen Osten in der Vergangenheit

Seite 20: Armut

Aufgabe 2:
- absolute Armut/existenzielle Armut: weniger als 1,25 US-Dollar pro Kopf (vgl. Leben am Rand des Existenzminimums)
- relative Armut: deutlich geringeres Einkommen als der Durchschnitt der in einem Land lebenden Bevölkerung (vgl. Einkommensarmut)
- politische Armut: keine oder nur unzureichende Möglichkeiten politischer Mitwirkung sowie Partizipation

Aufgabe 3:
Mögliche Aspekte:
- Verdeutlichung der Diskrepanzen und der Ungleichheit der Lebensbedingungen weltweit
- prekäre Lage insbesondere im subsaharischen Afrika und in Südasien in allen genannten Bereichen
- führende Positionen Europas und Zentralasiens in allen Bereichen
- Verdeutlichung der Zusammenhänge zwischen den einzelnen Kategorien, z.B. geringer Zugang zu sauberem Trinkwasser und hohe Kindersterblichkeit unter fünf Jahren
- zu befürchtende Fortsetzung des dargestellten Status quo in der Zukunft aufgrund deutlich geringerer Bildungsmöglichkeiten im subsaharischen Afrika und in Südasien (= Teufelskreis)
- Armut als zentrale Ursache für mangelnde Sicherheit und damit der Gefahr der Entstehung von failed states einerseits sowie Motor für Migration andererseits

Aufgabe 5:
- noch nicht vollendete Geschlechtergerechtigkeit in einigen Regionen der Welt
- zum Teil auch in Industriestaaten für gleiche Arbeit schlechtere Bezahlung für Frauen als für Männer
- tendenziell stärkere Übernahme sozialer Aufgaben (z.B. Pflege von Kindern und anderen Angehörigen) durch Frauen und in der Folge (vorübergehender) Verdienstausfall durch Ausstieg aus dem Beruf und damit potenzielle Abhängigkeit vom Verdienst des Mannes
- öfter von Menschenrechtsverletzungen betroffen
- weltweit gesehen geringerer Zugang zu Bildung für Mädchen

Seite 21: Migration

Aufgabe 1:
- massiver Anstieg der Zahl an Asylerstanträgen in der Europäischen Union seit 2013/2014
- von 2015 zu 2016 allerdings leichter Rückgang
- deutliche Spitzenreiterrolle der BRD in Bezug auf die erstmaligen Asylbewerber im Jahr 2016
- Bürgerkriegsland Syrien mit den meisten erstmaligen Asylbewerbern in der Europäischen Union 2016
- weitere Hauptherkunftsländer sind ebenso von Armut, Terrorismus und Krieg betroffene Krisenherde

Aufgabe 2:
- mögliche Push-Faktoren: Bevölkerungsdruck, soziale Zwänge, Kriege, Vertreibung, Naturkatastrophen, mangelnde Chancen auf Bildung und medizinische Versorgung

Joachim Schweizer: Friedens- und Sicherheitspolitik
© Auer Verlag

- mögliche Pull-Faktoren: bessere Wohnmöglichkeiten, Partizipation an Konsum, Hoffnung auf Bildung, bessere medizinische Versorgung sowie wirtschaftliche und soziale Unabhängigkeit

Seite 22: ABC-Waffen

Aufgabe 1:
- These: akute Gefahr eines nuklearen Krieges aufgrund der Modernisierung der jeweiligen Arsenale der Atommächte
- Belege: Anstieg der Zahl einsatzbereiter Waffen, abnehmende Transparenz, Aktivitäten Russlands, Drohungen Nordkoreas und dessen Zusammenarbeit mit dem Mullah-Regime in Teheran
- Ursachen: Misstrauen zwischen bestimmten Staaten
- abschließende negative Vorhersage des Autors in Bezug auf eine potenzielle Abrüstung

Seite 23: Somalia – ein gescheiterter Staat

Aufgabe 1:
Ursachen von Staatszerfall:
- Unfähigkeit des Staates, seinen Aufgaben und Pflichten nachzukommen
- Probleme infolge des Kolonialismus
- Rivalitäten zwischen den Clans
- Bürgerkrieg
- Ausbeutung der Fischgründe vor der somalischen Küste durch Fangflotten großer Fischereikonzerne
- lange Dürreperioden

Folgen von Staatszerfall:
- das Fehlen stabiler Regierungen
- schlechte Infrastruktur und ungenügende wirtschaftliche Situation
- Terrorismus durch al-Shabaab
- mangelhafte Versorgungslage der Menschen
- Piraterie am Horn von Afrika
- Hungerkrisen
- Flüchtlingsströme

Seite 25f.: Nordkorea – ein totalitärer Staat

Aufgabe 1:
- Offizieller Name: Demokratische Volksrepublik Nordkorea
- Unabhängigkeit: seit 1948
- Amtssprache: Koreanisch
- Fläche: 120 538 km²
- Einwohner: ca. 24 Millionen
- Hauptstadt: Pjöngjang
- Religion: Buddhismus, Konfuzianismus
- Währung: Won (= 100 Chon)
- BIP: 18,8 Milliarden USD (Stand: 2012)
- BIP pro Kopf: 783 USD (Stand: 2012)
- Regierungsform: Sozialistisches totalitäres Einparteiensystem
- Herrscherdynastie: Kim-Familie

Joachim Schweizer: Friedens- und Sicherheitspolitik
© Auer Verlag

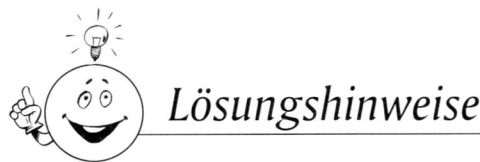

Lösungshinweise

Aufgabe 2:
- Juche-Ideologie: politische Ideologie von Kim Il-sung; politische Souveränität, wirtschaftliche Selbstversorgung, militärische Eigenständigkeit
- Songun-Politik: ergänzend zur Juche-Ideologie Leitlinie der Politik Nordkoreas; Vorrang der nordkoreanischen Volksarmee in allen Bereichen von Politik und Gesellschaft
- Kimilsungismus-Kimjongilismus: Zusammenfassung der Juche-Ideologie und Songun-Politik und damit Leitideologie Nordkoreas; Benennung nach Staatsgründer Kim Il-sung und Kim Jong-il
- PdAK: Partei der Arbeit Koreas; Führungsrolle im politischen System, zentrale Position im Regierungsapparat
- der Führer als Kopf der Gesellschaft: Dominanz des Führers, in Teilen religiöse Verehrung seiner Person
- der Fall Jang Song Thaek: führender Politiker und Onkel von Kim Jong-un; Vorwurf einer Verschwörung und angebliche Pläne zum Sturz des Führers, Entmachtung und Hinrichtung Jang Song Thaeks
- Atomprogramm: laut 2012 geänderter Verfassung „Staat im Besitz einer Atomwaffe", Durchführung zahlreicher Kernwaffentests in den vergangenen Jahren und Verhängung von UN-Sanktionen
- Menschenrechte: Missachtung zahlreicher Menschenrechte, z. B. vollständige Kontrolle der Medien, öffentliche Hinrichtungen, Existenz von Internierungs- bzw. Umerziehungslagern etc.
- Verfassung: Sozialistische Verfassung der Demokratischen Volksrepublik Korea vom 27.12.1972 (letzte Änderung im Jahr 2016)
- Wahlen: Scheinwahlen, Wahlpflicht, Akt der Bestätigung des herrschenden Systems

Aufgabe 3:
- geschlossene Ideologie
- kein Wahlrecht
- Herrschaftsmonopol beim Führer
- keine Gewaltenteilung, keine Gewaltenkontrolle
- unbegrenzter Herrschaftsanspruch
- repressive, keine rechtsstaatliche Herrschaftsweise

Die EU – ein außenpolitischer Akteur mit Zukunft?

Seite 31: Die „Geburtsstunde" der EU

Aufgabe 1:
- Eroberungen Napoleons und Befreiungskriege (1813/1814)
- Rheinkrise (1840/1841)
- Deutsch-Französischer Krieg (1870/1871) mit Gründung des Deutschen Reiches in Versailles und der Annexion von Elsass-Lothringen
- Erster Weltkrieg (1914–1918) und Versailler Vertrag (1919) mit Feststellung der Alleinkriegsschuld Deutschlands (Art. 231) und weiterer schwerwiegender Auflagen für das besiegte Deutschland
- Zweiter Weltkrieg (1939–1945) mit dem Westfeldzug als „Blitzkrieg" 1940 sowie dem Waffenstillstand von Compiègne

Aufgabe 2:
- Darstellung Frankreichs als Vorkämpfer eines Vereinten Europas
- Auslöschen des deutsch-französischen Gegensatzes als zentrale Voraussetzung für die Schaffung eines Vereinten Europas

Joachim Schweizer: Friedens- und Sicherheitspolitik

- Vorschlag der Zusammenfassung der deutsch-französischen Kohle- und Stahlproduktion unter eine gemeinsame Hohe Behörde und Installation einer überstaatlichen Organisation mit der Möglichkeit des Beitritts weiterer europäischer Länder zur Schaffung gemeinsamer Grundlagen für die wirtschaftliche Entwicklung
- Zielsetzungen: Kriegsvermeidung durch Herstellung ökonomischer Abhängigkeiten (vgl. materielle Unmöglichkeit eines weiteren Krieges) sowie Hebung des Lebensstandards
- Gedanken Schumans als Grundstein der europäischen Föderation (EGKS = Europäische Gemeinschaft für Kohle und Stahl, Mitglieder: Deutschland, Frankreich, Italien, Belgien, Niederlande, Luxemburg)

Seite 32: Die außenpolitischen Akteure der EU

Aufgabe 1:
- Europäischer Rat: Vorgabe der Leitlinien für die Außen- und Sicherheitspolitik
- Rat für Auswärtige Angelegenheiten: Festlegen der Einzelheiten für die Außen- und Sicherheitspolitik
- Hoher Vertreter für die Außen- und Sicherheitspolitik: konkrete Umsetzung der Außen- und Sicherheitspolitik
- Präsident des Europäischen Rats: Repräsentation der Europäischen Union nach außen
- Kommissionspräsident: Außenvertretung in nicht zur GASP gehörenden Bereichen
- Europäisches Parlament: Notwendigkeit der Zustimmung bei Verträgen oder der Aufnahme neuer Mitglieder in die Europäische Union

Seite 33: Chancen und Grenzen einer Gemeinsamen Außen- und Sicherheitspolitik der Europäischen Union (GASP)

Aufgabe 2:
Chancen der Gemeinsamen Außen- und Sicherheitspolitik der EU:
- gemeinsamer Einsatz für Frieden in Europa und der Welt
- Erhöhung der Sicherheit für alle Mitglieder der EU
- Stärkung des weltpolitischen Gewichts der EU
- Vermittlerfunktion Europas
- Möglichkeiten der Entwicklungshilfe für Länder in der sogenannten Dritten Welt

Probleme der Gemeinsamen Außen- und Sicherheitspolitik der EU:
- Uneinigkeit der EU-Staaten über personelle und inhaltliche Fragen
- Vorrang einzelstaatlicher Sicherheitsinteressen gegenüber dem Gemeinschaftsinteresse

Aufgabe 3:
Vorteile einer möglichen Europaarmee:
- höhere Effizienz im Vergleich zu den „Kleinarmeen" der Nationalstaaten
- Akt der Loslösung vom inzwischen unsicheren Partner USA
- ökonomische Vorteile durch Zusammenlegung der Verteidigungspotenziale
- Ausbildung einer stärkeren EU-Identität

Nachteile einer möglichen Europaarmee:
- Frage der Durchsetzbarkeit des Aufbaus einer Europaarmee in Anbetracht aktuell wichtigerer (?) Herausforderungen für Europa und eines noch nicht erreichten Grades der vertieften Integration zwischen den Mitgliedstaaten
- historische Schranken
- Frage der Notwendigkeit in Anbetracht der Existenz der NATO

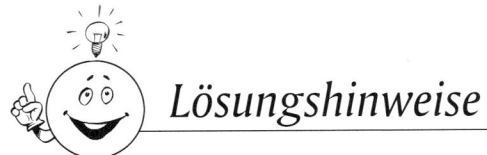
Seite 34: Die EU und die Schlüsselfrage in der Flüchtlingspolitik

Aufgabe 1:
- Entlastung der Anrainerstaaten, insbesondere Italiens
- gerechtere Verteilung der Flüchtlinge auf ganz Europa
- Ausdruck der Solidarität unter den Mitgliedstaaten
- keine übermäßige Belastung einzelner Staaten
- tatsächliche Verwirklichung der GASP in der EU und kein Abschieben der Verantwortung auf einzelne Staaten

Aufgabe 2:
- ablehnende Haltung zahlreicher EU-Staaten
- Gefahr der Einschränkung nationalstaatlicher Interessen
- mögliche Zunahme des Flüchtlingsstroms
- Gefahr des Anstiegs von Todesopfern auf dem Mittelmeer bzw. auf der Balkanroute

Aufgabe 3:
- Verbesserung der Situation der Menschen in Afrika und Nahost, etwa durch Entwicklungspolitik, Unterstützung von Demokratisierungsprozessen oder Militäreinsätze der Vereinten Nationen
- Verstärkung der Seenotrettung
- Bekämpfung der Schleuserbanden
- unbegrenzte Aufnahme von Flüchtlingen
- Einführung von Obergrenzen

Seite 35: „Festung" Europa?

Aufgabe 1:
- Umriss Italiens als dunkel schraffierter zum Tritt erhobener Stiefel
- „Europa" erscheint in weiter Ferne, abgeschirmt durch den abschreckend wirkenden Stiefel
- Sturm und hohe Wellen auf dem Mittelmeer
- völlig überfüllte, einfache Boote, die unterzugehen drohen
- Versuch einiger Menschen, den erhobenen Stiefel und damit das für sie rettende Ufer zu erklimmen
- Bildunterschrift: Stürmische Zeiten
- Darstellung Europas als abweisende „Festung"
- Unbarmherzigkeit und Politik der Abschottung
- Italien als „Bodyguard" für das restliche Europa

Seite 36: EU-Beitritt der Türkei?

Aufgabe 2:
Mögliche Chancen im Falle eines EU-Beitritts der Türkei:
- Erleichterung der Integration der in Deutschland lebenden Türken
- Einhalten der in der Vergangenheit gemachten Versprechungen
- Hoffnung auf weitere Demokratisierung und positive Entwicklung der Türkei in Anbetracht der Notwendigkeit des Einhaltens der Kopenhagener Kriterien

Mögliche Probleme im Falle eines EU-Beitritts der Türkei:
- Unzuverlässigkeit des Partners Erdogan
- Missachtung von Menschenrechten durch das aktuelle Regime
- Frage der Gefährdung (?) der europäischen Identität im Falle des Beitritts eines zum Großteil muslimisch geprägten Landes

Joachim Schweizer: Friedens- und Sicherheitspolitik

- Verschiebung der Grenzen Europas in die direkte Nachbarschaft großer Krisengebiete (Syrien, Iran, Irak)

Seite 37: Brexit

Aufgabe 1:
- schon immer historisch bedingter Sonderweg der Briten
- Angst vor Bevormundung durch die EU

Aufgabe 3:
Mögliche Argumente für den Brexit als „Anfang vom Ende" der EU:
- Verlust einer starken Volkswirtschaft
- Gefahr eines Domino-Effekts

Mögliche Argumente gegen den Brexit als „Anfang vom Ende" der EU:
- Sonderrolle Großbritanniens
- Stärke bestimmter Mitgliedstaaten und deren Wille zur Gestaltung eines gemeinsamen Europas auf der Basis der bisherigen Errungenschaften
- Unwägbarkeiten und Probleme für ein Land infolge eines Austritts (vgl. zähe Brexit-Verhandlungen)

Seite 38: Zukunftsszenarien

Aufgabe 1:
- Szenario 1: Weiter wie bisher
- Szenario 2: Binnenmarkt, mehr nicht
- Szenario 3: Wenige machen mehr
- Szenario 4: Weniger machen, aber effizienter
- Szenario 5: Sehr viel mehr gemeinsam machen

Aufgabe 2:
- „Europa der verschiedenen Geschwindigkeiten" im Sinne Angela Merkels
- substanzielle Gefährdung bis hin zur Auflösung der EU

Die OSZE – wer oder was ist das?

Seite 40: Die KSZE und die Schlussakte von Helsinki

Aufgabe 1:
- souveräne Gleichheit und Achtung der Souveränität der Mitglieder
- Gewaltverzicht
- Unverletzlichkeit der Grenzen
- friedliche Regelung von Streitfällen
- Nichteinmischung in innere Angelegenheiten
- Achtung der Menschenrechte und Grundfreiheiten

Aufgabe 2:
- Verwirklichung westlicher Interessen insbesondere in den Punkten: souveräne Gleichheit und Achtung der Souveränität der Mitglieder, Gewaltverzicht, friedliche Regelung von Streitfällen, Achtung der Menschenrechte und Grundfreiheiten
- Verwirklichung sowjetischer Interessen insbesondere in den Punkten: Unverletzlichkeit der Grenzen, Nichteinmischung in innere Angelegenheiten

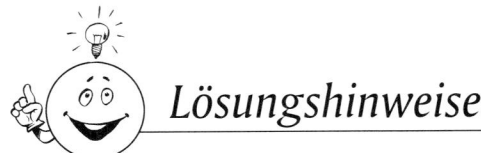
Seite 42f.: Aufgaben der OSZE – ein vergessener und unterschätzter Akteur?

Aufgabe 1:
- Erhalt des Friedens in Europa und Unterstützung beim Wiederaufbau nach Konflikten
- Wahlbeobachtung
- Beobachtung der Entwicklungen in Konfliktgebieten
- Diskussionsforum in politisch-militärischen Fragen
- Rüstungskontrolle
- zivilgesellschaftlicher Dialog
- Ansprechpartner in wirtschaftlichen, umweltpolitischen und humanitären Fragen

Aufgabe 4:
- Funktion eines „Beziehungsstärkers"
- in der öffentlichen Wahrnehmung oftmals auf Funktion der Wahlbeobachtung reduziert
- Vorteil des Betreibens „stiller Diplomatie" durch vergleichsweise geringes öffentliches Interesse
- erfolgreiche Vermittlungstätigkeit im Bürgerkrieg in der Ukraine
- „Convening Power"
- erfahrene Diplomaten als Generalsekretäre

Aufgabe 6:
- Diplomatie als wirksamere und erfolgversprechendere Maßnahme
- Hervorhebung der eminenten Bedeutung der OSZE als besonders flexible Organisation

Die UNO – eine „Weltfriedensorganisation"?

Seite 46: Die Ziele der Vereinten Nationen

Aufgabe 1:
Die Vereinten Nationen setzen sich folgende Ziele:
1. den **Weltfrieden** und die internationale Sicherheit zu wahren und zu diesem Zweck wirksame **Kollektivmaßnahmen** zu treffen, um Bedrohungen des Friedens zu **verhüten** und zu beseitigen, **Angriffshandlungen** und andere Friedensbrüche zu unterdrücken und internationale **Streitigkeiten** oder Situationen, die zu einem Friedensbruch führen könnten, durch friedliche Mittel nach den Grundsätzen der **Gerechtigkeit** und des Völkerrechts zu bereinigen oder beizulegen;
2. **freundschaftliche**, auf der Achtung vor dem Grundsatz der Gleichberechtigung und **Selbstbestimmung der Völker** beruhende Beziehungen zwischen den Nationen zu entwickeln und andere geeignete Maßnahmen zur **Festigung** des Weltfriedens zu treffen;
3. eine **internationale Zusammenarbeit** herbeizuführen, um internationale Probleme **wirtschaftlicher**, sozialer, kultureller und humanitärer Art zu lösen und die Achtung vor den **Menschenrechten** und Grundfreiheiten für alle ohne Unterschied der Rasse, des Geschlechts, der Sprache oder der **Religion** zu fördern und zu festigen;
4. ein **Mittelpunkt** zu sein, in dem die Bemühungen der Nationen zur Verwirklichung dieser gemeinsamen Ziele aufeinander abgestimmt werden.

Seite 47: Die Generalversammlung

Aufgabe 1:
- Generalversammlung als zentrales Beratungsorgan und Diskussionsforum für Probleme und Konfliktfälle in der Welt
- Bindeglied zu Sonder- und Nebenorganisationen, Programmen und Fonds
- Entsendung von Delegierten aus den Mitgliedstaaten (je eine Stimme), jährliche Zusammenkunft

Joachim Schweizer: Friedens- und Sicherheitspolitik

- Wahlfunktion (Richter des internationalen Gerichtshofs, Mitglieder des Wirtschafts- und Sozialrats, nichtständige Mitglieder des Sicherheitsrats)
- Ernennung des Generalsekretärs auf Vorschlag des Sicherheitsrats
- Prüfung und Genehmigung des Haushalts
- Resolutionen und Beschlüsse, allerdings nicht verbindlich (vgl. Empfehlungscharakter gegenüber dem Sicherheitsrat)

Aufgabe 2:
Mögliche Aspekte, die einem Parlament in einem demokratisch regierten Nationalstaat ähneln:
- Tätigkeit als zentrales Beratungs- und Diskussionsforum
- Wahlfunktion
- Budgetrecht

Mögliche Aspekte, die einem Parlament in einem demokratisch regierten Nationalstaat nicht genügen:
- eingeschränkte legislative Kompetenzen vor dem Hintergrund der Übermacht des Sicherheitsrats
- seltene Zusammenkünfte (vgl. ein Mal jährlich)

Aufgabe 3:
- Repräsentant der Vereinten Nationen und oberster Verwaltungsbeamter
- Beratung des Sicherheitsrats durch Aufzeigen weltpolitischer Konflikte und Gefahrenpotenziale
- Berichterstattung gegenüber der Generalversammlung
- bisherige UN-Generalsekretäre: Gladwyn Jebb, Trygve Halvdan Lie, Dag Hammarskjöld, Sithu U Thant, Kurt Waldheim, Javier Pérez de Cuéllar, Boutros Boutros-Ghali, Kofi Annan, Ban Ki-moon, Antonio Guterres

Seite 48f: Garant für den globalen Frieden? – der Sicherheitsrat der Vereinten Nationen

Aufgabe 1:
Die fünf ständigen Mitglieder sind Russland, China, USA, Frankreich, Großbritannien.

Die zehn nichtständigen Mitglieder sind (Stand: 2018) Äquatorialguinea, Äthiopien, Bolivien, die Elfenbeinküste, Kasachstan, Kuwait, Niederlande, Peru, Polen, Schweden, Italien.

Aufgabe 2:
- Möglichkeit einer Blockadehaltung durch den Einsatz des Vetorechts
- Zweifel an dessen effektiver Handlungsfähigkeit (z. B. unterschiedliche Positionen der USA und Russlands)

Aufgabe 3:
- Kritik an der Zusammensetzung des Sicherheitsrats
- Zweifel an dessen Effizienz (vgl. Metapher des Hamsterrads)

Aufgabe 4:
- Problematisierung der „Zwei-Klassengesellschaft" innerhalb des Organs (vgl. P5 vs. E10)
- Schwierigkeit der Entscheidungsfindung aufgrund unterschiedlicher Interessen und Beziehungsgeflechte zwischen den P5 und den E10
- Langwierigkeit und Komplexität der Arbeit an Resolutionen
- Sinnlosigkeit des zweijährigen Wechselturnus der nichtständigen Mitglieder

Seite 50: Den Sicherheitsrat den globalen Herausforderungen anpassen?

Aufgabe 1:
- Langwierigkeit von Entscheidungsfindungsprozessen
- Blockadepolitik infolge des Einsatzes des Vetorechts
- Frage der Legitimität der Entscheidungen (vgl. Entscheidungsgewalt bei lediglich 15 von 193 Mitgliedstaaten; Zusammensetzung der Gruppe der ständigen Mitglieder als Anachronismus)

Aufgabe 3:
Mögliche Aspekte, die für einen ständigen Sitz der Bundesrepublik Deutschland im Sicherheitsrat sprechen:
- geostrategische Lage der Bundesrepublik Deutschland
- Rolle der Bundesrepublik Deutschland als möglicher Vermittler zwischen Ost und West
- Führungsposition der Bundesrepublik Deutschland innerhalb der Europäischen Union
- Verschiebung der Machtverhältnisse seit 1945

Mögliche Aspekte, die gegen einen ständigen Sitz der Bundesrepublik Deutschland im Sicherheitsrat sprechen:
- historische Hindernisse einer Mitgliedschaft der Bundesrepublik Deutschland
- größere internationale Verantwortung als mögliche Belastung und Überstrapazierung der Gestaltungskraft der Bundesrepublik Deutschland

Seite 52f.: MDGs – die Millenniumsziele

Aufgabe 1:
MDG 1: Beseitigung der extremen Armut und des Hungers
Die Zahl der Menschen, die von weniger als einem **US-DOLLAR** pro Tag leben, soll halbiert werden. Der Anteil der Menschen, die unter Hunger leiden, soll ebenso um die Hälfte gesenkt werden.

MDG 2: Gewährleistung von Grundschulbildung für alle Kinder
Alle **MÄDCHEN** und **JUNGEN** weltweit sollen eine vollständige Grundschulausbildung erhalten.

MDG 3: Förderung der GLEICHSTELLUNG der Geschlechter und Stärkung der Rolle der Frauen
Das Geschlechtergefälle soll in der Grund- und Sekundarschulausbildung bis zum Jahr 2005 und auf allen Bildungsebenen bis 2015 beseitigt werden.

MDG 4: Senkung der Kindersterblichkeit
Die Sterblichkeit von Kindern unter fünf Jahren soll um **ZWEI DRITTEL** gesenkt werden.

MDG 5: Verbesserung der Gesundheit und der Gesundheitsversorgung von MÜTTERN
Die Müttersterblichkeitsrate soll um drei Viertel gesenkt werden.

MDG 6: Bekämpfung von HIV/AIDS, MALARIA und anderen schweren Krankheiten
Die Ausbreitung von HIV/AIDS soll zum Stillstand gebracht und allmählich umgekehrt werden. Der Ausbruch von **MALARIA** und anderer schwerer Krankheiten soll unterbunden und ihr Auftreten zum Rückzug gezwungen werden.

Joachim Schweizer: Friedens- und Sicherheitspolitik

MDG 7: Sicherung der ökologischen NACHHALTIGKEIT
Die Grundsätze nachhaltiger Entwicklung sollen in der nationalen Politik übernommen und umgesetzt werden. Bis 2015 soll die Zahl der Menschen, die keinen Zugang zu gesundem Trinkwasser besitzen, um die Hälfte gesenkt werden. Bis 2020 sollen sich die Lebensbedingungen von ca. 100 Millionen **SLUMBEWOHNERN** spürbar verbessern.

MDG 8: Aufbau einer GLOBALEN Entwicklungspartnerschaft
Ein offenes **HANDELS- UND FINANZSYSTEM**, das auf festen Regeln beruht, vorhersehbar ist und nicht diskriminierend wirkt, soll ausgebaut werden. Dies schließt die Verpflichtung zu guter Regierungsführung mit ein, wobei die Bedürfnisse der am wenigsten entwickelten Länder in besonderem Maße berücksichtigt werden sollen.

Seite 54: SDGs – die Ziele für nachhaltige Entwicklung

Aufgabe 1:
* SDGs als Mittel zum Erreichen eines Zustands von sozialer Gerechtigkeit, Wohlstand und ökologischem Gleichgewicht
* im Sinne Johan Galtungs Zielsetzung des positiven Friedens

Aufgabe 2:
* Anspruch gleicher Lebenschancen für nachfolgende Generationen
* gerechte Ressourcenverteilung
* Vereinbarung von Ökologie und Ökonomie
* Schonung der Natur, Sicherung der Leistungsfähigkeit der Wirtschaft und gerechte soziale Verhältnisse im Hinblick auf das friedliche Zusammenleben aller Menschen

Seite 55: Responsibility to Protect (R2P)

Aufgabe 2:
* Pflichten der Mitgliedstaaten der Vereinten Nationen gegenüber ihren Bürgern, z. B. Verantwortung für Schutz der Bevölkerung vor Völkermord, Kriegsverbrechen, Verbrechen gegen die Menschlichkeit und ethnische Säuberungen
* bei Unfähigkeit einer Staatsführung zur Gewährleistung dieser Pflichten: Übergabe der Schutzverantwortung an die internationale Staatengemeinschaft – trotz Gebot der Nichteinmischung, vgl. Art. II der UN-Charta
* Untergliederung von R2P in Präventions-, Reaktions- und Wiederaufbaukomponente
* Schutz von Menschenleben und Gewährleistung von Frieden und Sicherheit durch R2P als Ziel und Chance der Vereinten Nationen
* Widerspruch zu Art. II der UN-Charta, hoher Aufwand sowie Gefahr des Überstrapazierens der Mittel der Vereinten Nationen und großer Aufwand im Zuge der Wiederaufbaukomponente als potenzielle Probleme für die UNO

Aufgabe 3:
* Brutalität, Menschenrechtsverletzungen, Folter, Hinrichtungen, Giftgas-Angriffe etc. unter dem Diktator Baschar al-Assad als Gründe für die Notwendigkeit des Einsatzes von R2P
* Unübersichtlichkeit der Lage in Syrien, Uneinigkeit der Weltmächte (vgl. USA vs. Russland)

Lösungshinweise

Die NATO – ein altes Bündnis in einem neuen Gewand?

Seite 58: NATO vs. Warschauer Pakt – der Kalte Krieg

Aufgabe 1:
- als internationale Organisation zur politischen und militärischen Verteidigung auf der Basis gemeinsamer Werte angesichts der Expansion des sowjetischen Machtbereichs gegründet
- Gründungsmitglieder: USA, Kanada, Belgien, Dänemark, Frankreich, Großbritannien, Island, Italien, Luxemburg, Niederlande, Norwegen und Portugal (aktuell: 28 Mitgliedstaaten)
- Beistandspflicht (vgl. Art. 5 Nordatlantikvertrag) sowohl in militärischer als auch in ziviler Hinsicht
- Militärbündnis und Wertegemeinschaft

Seite 59: Mitglieder, Aufbau und Struktur der NATO

Aufgabe 1:
- kontroverse Diskussionen um die damit einhergehende Wiederbewaffnung der Bundesrepublik vor dem Hintergrund der Rolle Deutschlands in beiden Weltkriegen
- Proteste der Sozialdemokraten und außerparlamentarischer Gruppen gegen die Wiederbewaffnung
- Misstrauen gegenüber einem bewaffneten Deutschland bisweilen auch im Ausland

Aufgabe 2:
- Mitgliedschaft ehemaliger Gegner (vgl. Angehörige des Warschauer Pakts)
- höhere Anzahl von Mitgliedern als Chance im Hinblick auf Stärke und größere Dialogbereitschaft mit der Aussicht auf globale Sicherheit und Stabilität
- Mitgliedschaft als Gefahr im Hinblick auf schwierigere Entscheidungsprozesse und Konfliktpotenzial mit Russland

Seite 60: Die NATO im Wandel

Aufgabe 1:
- Darstellung der NATO als sich im Verwesungsprozess befindlicher Dinosaurier (vgl. Rückenlage, im Bauchbereich bereits Skelett ersichtlich)
- Gedankenblase: „Ich fühl mich immer noch fit wie ein Turnschuh!!"
- Kritik des Karikaturisten am Status quo sowie an der verzerrten Selbstwahrnehmung der NATO

Aufgabe 2:
- Grabmal des Kalten Krieges
- drohende Wiederauferstehung des personifizierten Kalten Krieges (vgl. Fuß bereits zu erkennen)
- angstvoller Blick der als zwergenhaft dargestellten NATO-Mitglieder, die auf dem Erdhügel des Grabmals sitzen, vor der zu erwartenden „Neuauflage" des Kalten Krieges
- relative Ohnmacht der NATO angesichts neuerlicher Spannungen zwischen Ost und West
- drohender „Kalter Krieg 2.0"?

Seite 61: Der ISAF-Einsatz in Afghanistan

Aufgabe 1:
- Terroranschläge als Ausgangspunkt
- unzählige Terroropfer, darunter auch zahlreiche Deutsche
- offensive Verhinderung der Terrorismusgefahr in Deutschland
- humanitäre Beweggründe

Joachim Schweizer: Friedens- und Sicherheitspolitik

Aufgabe 2:
- Bau von Straßen und Brunnen
- Ausbreitung schulischer Bildung und Förderung der Geschlechtergerechtigkeit
- Errichtung einer medizinischen Basisversorgung und deutliche Senkung der Kindersterblichkeit

Seite 61: Quo vadis, NATO?

Aufgabe 1:
- Thema: Verteidigungsausgaben der NATO im Jahr 2016
- USA als Finanzier der NATO: Militärausgaben von 664,1 Mrd. Dollar und damit über das zehnfache des Zweitplatzierten Großbritanniens; Deutschland auf Platz vier mit 40,7 Mrd. Dollar
- USA auch in Relation zum jeweiligen BIP größter Beitragszahler (3,61 %); Differenz zu den weiteren Zahlern hier allerdings deutlich geringer als bei den absoluten Zahlen (links); Deutschland abgeschlagen (1,19 %)

Deutsche Außenpolitik zwischen Zurückhaltung und Engagement

Seite 64: Akteure deutscher Außenpolitik

Aufgabe 1:
- Bundeskanzler: Weisungsfunktion auch in der Außenpolitik infolge der Richtlinienkompetenz
- Bundesaußenminister: Leitung des Auswärtigen Amtes und damit Koordination der gesamten deutschen Außenpolitik
- Bundesverteidigungsminister: Befehls- und Kommandogewalt über die Streitkräfte
- Bundesminister für wirtschaftliche Zusammenarbeit und Entwicklung: Prävention von Konflikten durch Bemühen um Verbesserung der Lebensbedingungen in politisch, wirtschaftlich und sozial weniger entwickelten Staaten
- Bundespräsident: völkerrechtliche Vertretung des Bundes nach außen, Abschluss von Verträgen im Namen des Bundes mit auswärtigen Staaten

Aufgabe 2:
- Deutscher Bundestag
- Goethe-Institut als kulturelle Vertretung
- Deutsche Botschaften
- Nichtregierungsorganisationen (NGOs)
- Wirtschaftsverbände (vgl. „Handelsstaat Deutschland")
- Medien (Agenda Setting)

Seite 65f.: Einflussfaktoren auf die deutsche Außenpolitik

Aufgabe 1:
- Verpflichtung Deutschlands zur Anerkennung der in Artikel 1 umrissenen Grenzen und Verzicht auf zukünftige Gebietsansprüche gegenüber anderen Staaten
- Verpflichtung Deutschlands zur Aufrechterhaltung des Friedens
- Verzicht auf Herstellung und Besitz sowie auf Verfügungsgewalt über atomare, biologische und chemische Waffen
- Reduktion der Streitkräfte des vereinten Deutschlands
- Verzicht der Siegermächte auf ihre Rechte über Deutschland und Berlin: volle Souveränität Deutschlands über seine inneren und äußeren Angelegenheiten

Aufgabe 2:
- Bekenntnis zu den Menschenrechten als Grundlage außenpolitischen Handelns
- Mitwirkung bei der Entwicklung der Europäischen Union
- Verbot des Angriffskrieges
- Bundeswehr als Verteidigungsarmee
- „Parlamentsvorbehalt" (Art. 115a)

Aufgabe 3:
- Militarismus und Imperialismus der Kaiserzeit
- Deutschland als Auslöser zweier Weltkriege
- negative deutsche Vergangenheit als Ausgangspunkt für die Arbeit der Verfassungsväter und die Formulierung des Grundgesetzes: Verbot eines Angriffskrieges, Einsatz für Frieden in Europa und der Welt, Bekenntnis zu den Menschenrechten, Pflege guter nachbarlicher Beziehungen etc.

Aufgabe 4:
- besondere Verbindung Deutschlands und Israels durch die Erinnerung an die Schoah
- Scham Deutschlands über den im deutschen Namen verübten Massenmord der Nationalsozialisten an sechs Millionen Juden („beispielloser Zivilisationsbruch")
- immerwährende Verantwortung Deutschlands für die Vergangenheit gegenüber Israel
- Kritik am iranischen Präsidenten und dessen Nuklearprogramm als Gefahr für Frieden und Sicherheit in der Region, Europa und der Welt
- historische Verantwortung als Teil der deutschen Staatsräson
- Sicherheit Israels niemals verhandelbar
- abschließende Betonung der Einzigartigkeit der Beziehungen zwischen Deutschland und Israel und der immerwährenden Verantwortung für die Vergangenheit (Deutschland als „treuer Partner und Freund")

Aufgabe 6:
- geografische Lage in der Mitte Europas
- ökonomische Aspekte und Beziehungen zu anderen Ländern
- aktuelle weltpolitische Konflikte
- Verantwortung und Verpflichtungen durch Mitgliedschaft in diversen internationalen Bündnissen
- Vorgaben des Grundgesetzes
- öffentliche Meinung und Ansichten der deutschen Bürger
- finanzielle Optionen vor dem Hintergrund der Situation des Bundeshaushaltes
- Einstellung der Partner sowie Nachbarländer
- Einstellungen und Überlegungen der jeweiligen Bundesregierung

Seite 68f.: Optionen deutscher Außenpolitik

Aufgabe 1:
- doppelte Westbindung an die Vereinigten Staaten bzw. Westeuropa als Strategie zur Wiederherstellung der außenpolitischen Souveränität, der Wiedervereinigung und der Sicherung von Frieden, Freiheit sowie Wohlstand vor 1990
- Etablierung der Bundesrepublik als politische Mittelmacht und ökonomische Großmacht
- Anlehnung an die Vereinigten Staaten in weltpolitischen und an Frankreich in europäischen Fragen
- Vermeidung von Isolation und Konflikten durch weitgehenden Verzicht auf außenpolitischen Gestaltungswillen
- Verzicht auf aktive Außenpolitik zugunsten ungestörter Handelsbeziehungen

Joachim Schweizer: Friedens- und Sicherheitspolitik

Aufgabe 2:

Eingehen auf die nationale Karte, z. B.:

- ökonomische Basis der BRD zur alleinigen Gestaltung von Weltpolitik
- Problematik vor dem Hintergrund außenpolitischer Verantwortlichkeiten, etwa durch die Vorgaben des Grundgesetzes
- Unmöglichkeit des „Ausspielens" einer rein nationalen Karte vor dem Hintergrund der Globalisierung sowie der im Schaubild „Deutschland in internationalen Organisationen" dargestellten Verflechtung und Einbindung der BRD in außenpolitischer Hinsicht

Eingehen auf die transatlantische Karte, z. B.:

- Bindung Deutschlands an die USA vor dem Hintergrund der historischen Entwicklung seit 1945
- Problematik potenzieller Unwägbarkeiten und Ungewissheiten seit dem Beginn der Präsidentschaft Trumps

Eingehen auf die europäische Karte, z. B.:

- Bestreben der BRD zur ernsthaften Umsetzung der Inhalte des Lissaboner Vertrags
- Problematik einer bis dato nur in Ansätzen vorhandenen GASP in der EU

Option der „Mischung" verschiedener Karten

Quellennachweise

Texte:

S. 10   Auszug aus: Hobbes, Thomas: Leviathan oder Stoff, Form und Gewalt eines kirchlichen und bürgerlichen Staates (Erstveröffentlichung 1651) © Reclam Verlag, 1998, S. 112–115; 151; 155.

S. 11   Auszüge aus: Immanuel Kant: Zum ewigen Frieden: http://gutenberg.spiegel.de/buch/zum-ewigen-frieden-8301/1 (Stand: 25.10.2017).

S. 19   Rainer Hermann: Endstation Islamischer Staat? © 2015 dtv Verlagsgesellschaft mbH & Co. KG.

S. 22   Die neue Angst vor der Atombombe © RP-Online.de, Helmut Michelis.

S. 31   Die Erklärung des französischen Außenministers Robert Schuman vom 09. Mai 1950 (Auszug) © Europäische Union (https://europa.eu/european-union/about-eu/symbols/europe-day/schuman-declaration_de).

S. 38   Fünf Szenarien für die Zukunft der EU © Süddeutsche Zeitung; Daniel Brössel und Thomas Kirchner 01.03.2017: http://www.sueddeutsche.de/politik/junckers-weissbuch-fuenf-szenarien-fuer-die-zukunft-der-eu-1.3400487 (Stand: 10.11.2017).

S. 40   Schlussakte der Konferenz über Sicherheit und Zusammenarbeit in Europa (KSZE) in Helsinki, 1. August 1975 (Auszug):https://www.osce.org/de/mc/39503?download=true (letzter Zugriff: 01.08.2017).

S. 41   Organe und Institutionen der OSZE © Auswärtiges Amt: https://www.auswaertiges-amt.de/blob/217004/e0d6d948916af340c1cf7960523ec503/abcvn-data.pdf (Stand: 25.10.2017).

S. 43   Die stille Diplomatie der OSZE: Mehr internationale Gruppentherapie, bitte! © Tagesspiegel / Friedhard Teuffel: http://www.tagesspiegel.de/politik/die-stille-diplomatie-der-osze-mehr-internationale-gruppentherapie-bitte/19660510.html (Stand: 10.11.2017).

S. 46 + 78   Die Charta der Vereinten Nationen, Artikel 1: http://unric.org/de/charta (Stand: 10.11.2017).

S. 49   Im Hamsterrad zum Weltfrieden: Quelle: Klein, Stefan: Dabeisein ist alles, in: Süddeutsche Zeitung vom 29. Dezember 2010, S. 3.

S. 51   Agenda für den Weltfrieden © Auswärtiges Amt: https://www.auswaertiges-amt.de/de/newsroom/140213-bm-bt-isaf/259898 (Stand: 25.10.2017).

S. 54   UNO: Ziele für nachhaltige Entwicklung: https://sdgactioncampaign.org/de/ (Stand: 10.11.2017).

S. 55   Michael Radunski: Schutzverantwortung für die Bevölkerung, 12.04.2012 © Alle Rechte vorbehalten. Frankfurter Allgemeine Zeitung GmbH, Frankfurt. Zur Verfügung gestellt vom Frankfurter Allgemeine Archiv.

S. 58   Nordatlantikvertrag (Auszug) © NATO.

S. 61   Rede von Frank-Walter Steinmeier zum ISAF-Einsatz in Afghanistan (Auszug) © Auswärtiges Amt: https://www.auswaertiges-amt.de/de/aussenpolitik/internationale-organisationen/institutionen/203000 (Stand: 25.10.2017).

S. 62   Donald Trump Zitat 1: http://www.zeit.de/politik/ausland/2017-02/usa-donald-trump-nato-unterstuetzung-florida (Stand: 11.10.2017).
Donald Trump Zitat 2: https://www.shz.de/deutschland-welt/politik/donald-trump-droht-deutschen-autobauern-mit-hohen-zoellen-id15848711.html (Stand: 11.10.2017).
Donald Trump Zitat 3: http://www.epochtimes.de/politik/welt/nato-ist-obsolet-steinmeier-nato-besorgt-ueber-trumps-aeusserungen-zur-allianz-a2025115.html (Stand: 11.10.2017).

S. 65   2+4-Vertrag vom 12. September 1990 (Auszug): http://www.documentarchiv.de/brd/2p4.html.

S. 66   Rede von Angela Merkel am 18. März 2008 vor der Knesset (Auszug) © Bundesregierung / Bulletin 26-1 / 18. März 2008.

S. 68   Ulrich Speck: https://zeitschrift-ip.dgap.org/de/ip-die-zeitschrift/archiv/jahrgang-2012/januar-februar/macht-gestalten.

Bilder:

S. 9   Titelblatt von Thomas Hobbes' „Leviathan oder Stoff, Form und Gewalt eines kirchlichen und staatlichen Gemeinwesens" © Unbekannt, gemeinfrei: http://www.loc.gov/exhibits/world/world-object.htmlhttp://www.securityfocus.com/images/columnists/leviathan-large.jpg, gemeinfrei, https://commons.wikimedia.org/w/index.php?curid=226072, published in the U.S. before 1923 and public domain in the U.S.

S. 13 Martin Luther King © Marion S. Trikosko, gemeinfrei: https://commons.wikimedia.org/w/index.php?curid=17218777.
Willy Brandt: Bundesarchiv: B 145 Bild-F057884-0009/Engelbert Reineke/licensed under CC-BY-SA 3.0, https://commons.wikimedia.org/w/index.php?curid=5356484.
Mutter Teresa © Suma Iyer – eigenes Werk, CC-BY-SA 4.0, https://commons.wikimedia.org/w/index.php?curid=62107346.
Mohammad Yunus © University of Salford Press Office – Professor Muhammad Yunus: Building Social Business Summit, CC BY 2.0, https://commons.wikimedia.org/w/index.php?curid=38983058.
Al Gore © Von Kjetil Bjørnsrud – eigenes Werk, CC BY-SA 3.0, https://commons.wikimedia.org/w/index.php?curid=3209243.
Malala Yousafzai © Pete Souza – crop from White House (P101113PS-1119), gemeinfrei, https://commons.wikimedia.org/w/index.php?curid=29106118.
Juan Manuel Santos © U.S. Defense Department – http://www.defense.gov/photos/newsphoto.aspx?newsphotoid=10989, gemeinfrei, https://commons.wikimedia.org/w/index.php?curid=11127816.

S. 15 Schaubild „Globaler Frieden": Globus-Grafik © dpa-infografik, 81298208.

S. 18 Einschlag (Explosion) von Flug UA 175 im Südturm (Aufnahme von Norden) © UA_Flight_175_hits_WTC_south_tower_9-11.jpeg: Flickr user TheMachineStops (Robert J. Fisch)derivative work: upstateNYer - UA_Flight_175_hits_WTC_south_tower_9-11.jpeg, CC BY-SA 2.0, gemeinfrei, https://commons.wikimedia.org/w/index.php?curid=11786300.

S. 20 Schaubild „Ungleiche Lebensbedingungen": Globus-Grafik © dpa-infografik, 87009196.

S. 21 Schaubild „Auf der Suche nach Asyl": Globus-Grafik © dpa-infografik, 89841590.

S. 23 Somalia © Shosholoza – Wikimedia.

S. 24 Bürgerkrieg in Aleppo © TURKISH-SYRIAN BORDER – JUNE 11, 2011: unidentified Syrian refugees, protested at the syria border June 11, 2011 on the Turkish-Syrian border © thomas koch, lizenzfreie Stockfotonummer: 239484784.

S. 29 Europakarte © kartoxjim – Fotolia.com, Nr. 101199736.

S. 33 Die Außenpolitik der EU © Prof. Stratenschulte und © Bundeszentrale für politische Bildung, www.bpb.de, Creative Commons by-nc-nd/3.0.

S. 34 Angela Merkel © https://flicrkr.com/photos/eppofficial – Wikimedia.

S. 35 Karikatur „Stürmische Zeiten" © Burkhard Mohr: Stürmische Zeiten, http://www.burkhard-mohr.de/B._Mohr/cartoon.show.php?id=3631 (letzter Zugriff: 01.08.2017).

S. 36 Junger Lehrer © Africa Studio – Fotolia.com, Nr. 58586153
Junge Dame 1 © MEV-Verlag, Nr. 03022
Älterer Herr © Edler von Rabenstein – Fotolia.com, Nr. 19027204.
Junge Dame 2 © MEV-Verlag, Nr. 49011

S. 37 Schaubild „So läuft der Brexit": Globus-Grafik © dpa-infografik, 89614474.

S. 47 Die Generalversammlung der UNO © Bundeszentrale für politische Bildung, www.bpb.de, Creative Commons by-nc-nd/3.0.

S. 58 Logo NATO © NATO.

S. 59 Schaubild „Die NATO": Globus-Grafik © dpa-infografik, 61254374.

S. 60 Karikatur „Natosaurus" © Klaus Stuttmann.
Karikatur „Hier ruht in Frieden der Kalte Krieg" © Horst Haitzinger.

S. 62 Schaubild „Verteidungsausgaben der NATO-Staaten": Globus-Grafik © dpa-infografik, 88403819.

S. 67 Prioritäten deutscher Außenpolitik 1: (DW) Deutsche Welle © Deutsche Welle 2014 Prioritäten.
Prioritäten deutscher Außenpolitik 2: (DW) Deutsche Welle © Deutsche Welle 2014 Prioritäten.

S. 69 Schaubild „Deutschland in internationalen Organisationen" © Bundeszentrale für politische Bildung, www.bpb.de, Creative Commons by-nc-nd/3.0.

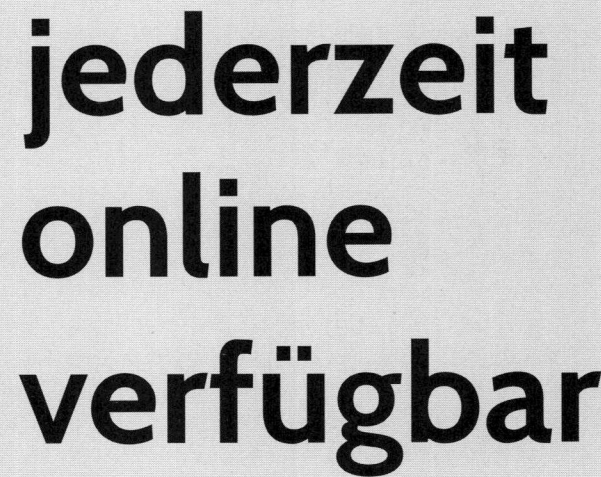